TEACHER
PROFESSIONAL
DEVELOPMENT

核心素养背景下的
英语教学与教师专业发展

李慧芳 著

ENGLISH
TEACHING

图书在版编目(CIP)数据

核心素养背景下的英语教学与教师专业发展 / 李慧芳著．—北京：首都师范大学出版社，2021.8

ISBN 978-7-5656-6547-9

Ⅰ.①核… Ⅱ.①李… Ⅲ.①英语课—教学研究—中小学 ②英语课—教学法—中小学—师资培养—研究 Ⅳ.①G633.412

中国版本图书馆 CIP 数据核字(2021)第 151655 号

HEXIN SUYANG BEIJING XIA DE YINGYU JIAOXUE YU JIAOSHI ZHUANYE FAZHAN

核心素养背景下的英语教学与教师专业发展

李慧芳　著

责任编辑　钱　浩　董　晴

首都师范大学出版社出版发行

地　址　北京西三环北路 105 号

邮　编　100048

电　话　68418523(总编室)　68982468(发行部)

网　址　http://cnupn.cnu.edu.cn

印　刷　北京虎彩文化传播有限公司

经　销　全国新华书店

版　次　2021 年 8 月第 1 版

印　次　2021 年 8 月第 1 次印刷

开　本　710mm×1000mm　1/16

印　张　12.5

字　数　201 千

定　价　42.00 元

序

李慧芳老师撰写的这本书《核心素养背景下的英语教学与教师专业发展》在即将出版之际，邀我写序，我欣然答应，先睹为快。我之所以答应写序，其一是因为我了解李慧芳老师，她研究生毕业后就职于北京教育学院，一直从事中小学英语教师教育与发展的研究与培训，撰写了大量的研究论文。我见证了她成长为一名优秀的教师教育研究者的历程。

第二个原因，因为我了解李慧芳老师承担的北京教育学院“协同创新”这个项目，有幸参加过其中的一些活动。书中大量的研究正是基于这个项目。教师培训的模式在这个项目下被彻底地颠覆。过去，学员从各自任教的学校“千里迢迢”集中在北京教育学院的校园，而在这个项目下，北京教育学院的培训团队深入到各个学校进行现场培训。从“高高在上”到深入学校，这种方式不仅方便了一线教师，减少了交通的劳顿，提高了培训的效率，体现了以被培训者为中心的理念。也使培训团队更加深入地了解一线教师的工作场景，教学中的问题及专业发展需求，能够更深入地开展基于真实问题的教学研究，实现教师与教师教育者双方的共同发展。

基于以上两个原因我写了几句前面的话，作为对李慧芳老师研究成果的祝贺，也对李慧芳老师长年辛勤耕耘在这片研究领域的精神表示敬佩。

书中的数据多来自该项目近五年的现场培训实践成果。项目实施之际，正值基础教育英语课程的新一轮改革。新课程改革明确了学科育人的功能和价值，提出了学生发展核心素养的理念，为学生的全面发展提出了具体化方向。每一次课程改革对广大教师都是巨大的挑战。新一轮课程改革呼吁一线英语教师深入思考英语学科应该培养什么人、如何培养人、为谁培养人的问题。教师需要深刻理解课程改革的目标、调整内容及内涵，并在理解的基础上进行教学实践，逐步转变自己的教学习惯与行为。但具体怎么做，许多一线教师还存在很多困惑。教师需要既有理论指导，又有教学实践相结合的学习资源。本书从核心素养的视角，围绕“学科核心素养培养策略”“指向核心素养发展的教学策略”“核心素养背景下的教师专业发展”等专题展开。书中一手的数据，培训者与被培训者“摸爬滚打”探索的教学策略，都渗透了培训者和被培训者们的辛勤汗水，展现了教师迎接新课程挑战的教学智慧。书中点滴的经验、交流中突发的感悟，甚至教育教学中的遗憾与困惑都是值得尊重的。教学没有捷径，每一次惊喜、每一次沮丧、每一篇论文都是教师职业带来的宝贵体验。教师的辛苦，教师的投入，教师对职业的敬畏，教师的成长，以及教师对学生的爱，都是教师职业赋予教师们的财富。

我特别关注书中的教学案例、课堂研究形成的教学策略，以及教师专业发展经历的途径与方法。也关注书中课堂观察的见闻，教师们磨课、做课题研究时的交流。相信这些都能够对读者理解和实施基于核心素养培养的英语教学带来一定启发。

话说到此，还是把时间留给各位细心的读者，自己体验、感受新课程理念下教师的职业成长之路。

林　立

首都师范大学外国语学院

2019 年 11 月

前　言

改革开放以来，我国基础教育英语课程改革取得重大成效。为深化课程改革，2014 年 3 月，教育部《关于全面深化课程改革落实立德树人根本任务的意见》强调了基础教育立德树人育人的目标，指出发展核心素养是提升人才培养质量的关键环节。随着《普通高中英语课程标准（2017 年版）》（以下简称《新课标》）提出的学科核心素养理念为教师们所熟知，如何在基础教育英语教学中发展学生的学科核心素养，实现学科育人，成为一个新的课题。任何教学新理念并不都是要完全摒弃过去的做法，而是在继承基础上的创新。过去几十年间，我国基础教育英语教学在培养学生语言能力、文化意识等方面已有一些好的实践。然而，每次课程改革对广大英语教师又是巨大的挑战。教师需要深刻理解课程改革的目标、调整内容及内涵，还要在理解的基础上转变自己的教学习惯与行为。

为了更好地服务于中小学教师专业发展的需要，北京教育学院自 2015 年年底开展了协同创新学校计划项目（以下简称“协同创新”项目）。该项目采用高校与中小学研修合作联盟的方式，围绕学校办学与教育教学实践中面临的重点、难点和热点问题开展行动研究。在课程改革深化和学院“协同创新”项目的背景下，我和研究团队联合首都师范大学附属育新学校、北京市海淀实验中学、北京市育英学校英语组，组成研究共同体，探索新课程理念下促进学生学科核心素养发展的策略。四年的时间里，研究团队以《新课标》为指导，采用学习、实践、课题研究相结合的方式，对核心素养背景下的英语基础教育教学进行了深入研究。作为教师教育者，我和同事与研究基地校的教师们共同备课、听课、评课，指导教师们以教学改进模式实施英语教学研究课五十余节。研究了两个主要方面的内容，一是如何使学生英语语言能力与核心素养综合发展，比翼齐飞；二是如何促进教师不断提高自身专业化水平，与课程改革同步发展。

本书从教学和教师专业发展两个维度，探讨了核心素养背景下，教师应具有的教学理念，以及加强专业学习，不断优化教学方式，促进专业发展的路径。一是希望通过梳理一些好的教学实践做法，使核心素养培养策略显性化和系统化，引发英语教师对学生学科核心素养发展更深入的思考。二是希望通过分享一些经实践证明能够促进教师专业发展的有效策略，引发教师思考核心素养培养对教师和教学带来的挑战，促进教师与时俱进，更新教学知识及理念，探究如何通过整合课程内容、改变教学和评价方式，培养学生英语学科核心素养。

本书的写作主线是"学科核心素养培养"。首先总体介绍了英语学科核心素养的内涵以及培养理念，然后结合具体教学案例，介绍了语言能力、文化意识、思维品质和学习能力四个维度的核心素养培养策略，分析了核心素养背景下的听说、阅读、写作、复习、综合实践等主要课型教学实践策略，主要目的是引发英语教师思考如何将核心素养理念转化为实际教学行为。在当前英语教学中，核心素养培养理念已经被普遍接受，教师都在积极探索指向核心素养培养的英语教学。笔者在进行课堂教学观摩时，发现教师在落实主题意义探究、学习活动观、教学评一体化理念时，仍存在很多的问题与困惑。为此，我希望本书能够带给教师一些思考与启发，实现从以教师教为中心向以学生学习为中心的转变，从碎片化学习向整合化、情境化和结构化学习的转变，从学科知识为本向学科育人为本的转变，促进学生语言能力、文化意识、思维品质和学习能力四个维度学科素养的协调发展。此外，书中还探讨了在核心素养培养背景下，教师如何通过建构学科教学知识、开展校本教研、撰写教学反思、实施行动研究等途径，通过自主学习、学习共同体、合作教研、反思和行动研究等方式，促进专业发展，更好地应对新课程的挑战，助力学生核心素养发展。

本书的一个重要特色是结合"协同创新"项目研究中积累的大量教学案例，介绍在课堂实践研究基础上形成的教学策略，以及对教师专业发展起到促进作用的实用专业发展策略。这些研究和教学案例是本书的基础。我把这几年进入学校和英语课堂听课、进行课堂观察，与教师一起磨课、做课题，以及这些研究行为对教师和学生发展产生了促进作用的案例呈现出来，希望能够为英语教师深入探究学生核心素养培养策略提供一些思路，更好地实现立德树人的目标。

本书在写作过程中，参考了国内外很多研究成果，在此向有关研究者致以感谢。书中有些章节的内容曾经刊于《中小学外语教学》《中小学英语教学与研究》《教学与管理》等期刊，在此向有关编辑致以诚挚的谢意。

希望本书能够带给对核心素养背景下基础英语教学研究感兴趣的同行一些启发。因本人的研究能力和深入开展研究的时间有限，书中内容的疏漏和不恰当之处在所难免，敬请有关专家、学者批评指正，也期待与同行之间有更多的交流。

李慧芳

2019 年 11 月

目　录

第一章　绪论 …………………………………………………………………… (1)
第一节　学科核心素养视角下的英语教学 …………………………… (1)
第二节　核心素养背景下的教师专业发展 …………………………… (8)

第二章　英语学科核心素养培养策略 …………………………………… (16)
第一节　语言能力培养策略 …………………………………………… (16)
第二节　文化意识培养策略 …………………………………………… (33)
第三节　思维品质培养策略 …………………………………………… (43)
第四节　学习能力培养策略 …………………………………………… (50)

第三章　核心素养背景下的英语教学实践策略 ………………………… (58)
第一节　课堂言语互动策略 …………………………………………… (58)
第二节　听说教学实践策略 …………………………………………… (66)
第三节　阅读教学实践策略 …………………………………………… (73)
第四节　写作教学实践策略 …………………………………………… (83)
第五节　复习课教学实践策略 ………………………………………… (92)
第六节　综合实践活动课实践策略 ………………………………… (102)
第七节　有效英语作业的设计实践策略 …………………………… (110)

第四章　核心素养背景下的英语教师专业发展 ……………………… (120)
第一节　通过建构学科教学知识促进专业发展 …………………… (120)

第二节　通过校本教研促进专业发展 …………………………… (129)
第三节　通过撰写教学反思促进专业发展 ……………………… (138)
第四节　通过行动研究促进专业发展 …………………………… (149)

附录一　初中听说教学课例 ……………………………………… (159)
附录二　高中听说教学课例 ……………………………………… (166)
附录三　高中阅读教学课例 ……………………………………… (176)
参考文献 ……………………………………………………………… (183)

第一章　绪论

核心素养的提出给教师和教学带来了新的要求和挑战。教师需要转变教育理念，结合专业发展，实现对学生学科核心素养的持续培养。教育理念难免受到时代和社会背景的影响，在发展核心素养的背景下，教师应该具有怎样的教学理念？应该采取怎样的途径不断促进专业发展？本章将总体介绍英语学科核心素养培养的基本理念，以及教师加强专业学习和提升专业发展的路径。

第一节　学科核心素养视角下的英语教学

一、英语学科核心素养的提出

为深化课程改革，2014 年 3 月，教育部《关于全面深化课程改革落实立德树人根本任务的意见》强调了基础教育立德树人育人的任务，指出发展核心素养是提升人才培养质量的关键环节。《普通高中英语课程标准(2017 年版)》(以下简称《新课标》)的颁布，开启了我国高中英语课程的新一轮改革。目前，义务教育课程标准也在重新修订中。《新课标》明确提出英语学科核心素养的概念，并指出英语学科核心素养包括语言能力、文化意识、思维品质和学习能力四个方面，是学科育人价值的集中体现，是学生通过英语学习所形成的正确价值观念、必备品格和关键能力。《新课标》的颁布对教师提出了新的要求。教师需要明晰英语学科核心素养的内涵，并探究其在英语教学中的培养途径和方法。

《新课标》提出英语学科核心素养的四个要素。其中，语言能力指在社会情境中，以听、说、读、看、写等方式理解和表达意义的能力，以及在学习和使用语言的过程中形成的语言意识和语感。文化意识指对中外文化的理解和对优秀文化的认同，是学生在全球化背景下表现出的跨文化认知、态度和行为取向。思维品质指思维在逻辑性、批判性、创新性等方面所表现的能力和水平。学习能力指学生积极运用和主动调适英语学习策略、拓宽英语学习渠道、努力提升英语学习效率的意识和能力。核心素养四要素之间，语言能力是基础，文化意识是价值取向，思维品质是心智特征，学习能力是发展条件。英语学科核心素养四要素相互渗透、融合互动、协调发展，共同服务于课程总目标。

二、基础教育英语教学存在的主要问题

新时代要求英语课程改变过分重视知识的讲解与传授、忽视对学生语言运用能力的培养现状，强调课程应从学生的学习兴趣、生活经验和认知水平出发，发展学生的综合语言运用能力，使语言学习的过程成为学生形成积极的情感态度、综合的跨文化交流能力以及自主学习能力的过程(梅德明、王蔷，2018)。我国基础教育英语课程改革十几年来，取得了显著成绩，但还存在一些问题：

1. 在教学内容上，多呈现碎片化，孤立教授单词、语法等现象仍时有发生，忽视对主题意义的深层理解和分析，对文化知识的学习引导不够深入，存在贴标签式的情感态度价值观教育，无法实现语言能力和核心素养协同发展的育人目标。

2. 在教学方式上，主题情境的创设不够，学习、活动割裂，缺乏教学内容和学习活动的有机整合，教学活动层次性和逻辑性不够。以教师为主体的教学方式造成学生被动学习和接受，丧失学习兴趣，影响思维品质的发展。

3. 在评价方式上，评价多以教师为主体，学生参与评价不够。评价方式较单一，过程性评价落实不充分。评价未能充分发挥服务教学、反馈教学、促进教学和学生学习的作用。

培育核心素养的背景下，教学目标定位由综合能力培养转向学科核心素养发展。教学不仅仅是教会学生语言知识，发展语言技能，同时要引导学生在理解内容和语言知识学习的基础上，联系自我经验，对语篇承载的文化、内容和意义进行评价，评判性地表达自己的观点及看法，实现对主题意义的探究。教师应转变教学理念，采取恰当的教学策略，实现核心素养培养目标的达成。

三、英语学科核心素养培养理念及策略

《新课标》带来英语基础教育教学在课程宗旨、课程目标、课程结构、课程内容、教学途径、课程评价等方面的变化。教师在培养学生英语学科核心

素养时需要注意以下理念及策略。

1. 关注主题意义，具有单元整体教学意识

《新课标》提出培养学生英语学科核心素养的课程六要素：主题引领、依托语篇、语言知识学习、文化内涵理解、语言技能发展和学习策略运用。并将主题语境列为课程内容第一要素，提倡在语境中以主题意义探究统领，通过主题化、相关联的学习活动，学习和运用语言知识，获得中外优秀文化，将语言知识、文化知识、思维发展和策略运用整合起来开展学习，逐步内化，形成能力，达成核心素养发展目标。英语学科课程改革以"主题意义探究"作为教与学的核心任务，旨在改进脱离语境而过度关注语言知识点和语言技能的碎片化教学方式(程晓堂，2018)。《新课标》提出人与社会、人与自然、人与自我三大主题语境，下设不同主题群。基于主题意义探究的教与学就是围绕一定主题，充分重视个体经验，通过与多个文本的碰撞交融，在重过程的生成理解中，实现课程主题意义建构的开放性教学(尤立增，2016)。单元是承载主题意义的基本单位。教师在教学时，应该具有单元意识和单元备课习惯。围绕单元主题语境，制订指向核心素养发展的单元整体教学目标，然后以单元整体目标为统领，分解每个课时目标，为达成单元整体目标服务。

2. 深入研读语篇，把握核心教学价值

《新课标》提出语篇是教学的基础资源，是语言学习主题、情境和内容的载体，并提出语言教学中的语篇通常以多模态形式呈现，既包括口头的和书面的，也包括音频的和视频的。并提出深入研读语篇，把握主题意义、挖掘文化价值、分析文体特征和语言特点及其与主题意义的关联，对教师做好教学设计具有重要意义，是教师落实英语学科核心素养目标、创设合理学习活动的重要前提。

教师需要深入研读语篇，准确把握语篇蕴含的核心素养培养教学价值。《新课标》提出从What、Why、How三个维度进行语篇分析。What是指分析语篇的主题和内容是什么，Why是指解读语篇的深刻含义是什么，How是指分析语篇的文体特征、内容结构和语言特点。教师可以从主题意义、文体风格、语言特点等方面，对语篇进行多层次、多角度分析，确定语篇在培养学生核心素养方面的教学价值，并基于语篇分析，结合学情分析，准确制订教学目标，并通过设计恰当的学习活动，引领学生对语篇深入理解及对主题意义的探究。

3. 细致进行学情分析，准确制订课时教学目标

在进行语篇研读基础上，全面、深入地进行学情分析，有助于教师一定

程度上了解学生的素养现状，把握学生的学习需求，实现以学习为中心的教学设计，促进核心素养的进一步发展。准确的学情分析有助于避免无视学生需求，教学目标定位不当，教学只顾走流程的“满堂灌”等问题。教师可以通过问卷、访谈、课堂观察、学生作品分析等方式，进行细致深入的学情分析，为以学习为中心的教学设计及实施提供以下信息和依据：本节课所学主题，学生已有的知识经验如何？学习目标如何定位？通过今天的学习能够重点发展哪几个方面的核心素养？学习什么样的内容能够促进学生这几个方面的素养有进一步的增长？什么样的学习活动能够促进学生的深层次学习，实现这几个方面核心素养的增长？准确的学情分析，有助于深入、客观地了解学生的素养基础。

下面，笔者为大家分析一位教师在教授主题为“饮食文化习俗”的听说教学时所做的学情分析。

【案例 1-1-1】

基于学情分析准确制订教学目标

本节课授课教师为了了解学生关于餐桌礼仪的已有知识，设计了以下学情调研问卷请学生在课前完成：

1. What countries do you know about，such as China，America，Japan and so on?（你知道哪些国家的餐桌礼仪，比如中国、美国、日本等）

2. Have you ever experienced any embarrassment in the process of eating because of the difference of table manners? Can you describe it?（你有没有在吃饭的过程中因为餐桌礼仪的差异而碰到尴尬的事？如果有的话请描述一下）

3. Please introduce traditional table manners in China? Write down at least three.（请描述一下中国的传统餐桌礼仪，至少写三条）

关于中国的餐桌礼仪，学生提到，吃饭时请长辈先开始；不能因为喜欢而总吃一道菜；进餐时不要发出大的声音和怪声等。因为餐桌礼仪差异导致的尴尬事，学生描述较少，显示出学生之前对于这点关注比较少，启发教师在本课教学中可以重点引导学生思考文化差异的重要性，能够得体处理差异，实现有效沟通。学情调研有助于教学设计，调研结果显示，本课教材内容对该教师的学生来说稍容易，应该为学生补充一些相关主题的课外听说学习资源。于是，授课教师补充了一段关于五个国家餐桌礼仪的视听材料。调研也引导学生明确即将学习的内容与文化有关，学生课前主动去查找关于餐桌文化的知识。这些对于学生的学习和素养发展起到很大促进作用。

在语篇分析和学情分析的基础上，授课教师制订了指向核心素养培养的教学目标，本课学习结束时，学生能够：

(1)听懂一个谈论中国餐桌礼仪的对话、看懂一个关于外国餐桌礼仪介绍的视频；

(2)介绍中国的主要餐桌礼仪；

(3)介绍印度、法国、日本、智利等国家的主要餐桌礼仪；

(4)体会不同国家饮食礼仪的文化差异，达成文化共识。

本案例体现了基于主题意义探究，融语言能力、文化意识、思维品质和学习能力于一体进行培养的目标。特别是结合语篇的文化意识培养价值，引导学生通过比较中外餐桌礼仪、习俗差异，理解文化内涵，并发展思维品质。

教师需要依据新课程理念，重新准确定位基础教育阶段英语教学目标，将基础教育英语课程立德树人的总目标，以及发展学生英语学科核心素养的具体目标落实在英语教学实践中。因此，教师需要在单元分析、语篇研读和细致学情分析基础上，准确制订课时教学目标。教学目标的定位是学生能够在语言知识学习基础上，对所学信息加以综合，对主题意义进行探究，并可以进行评判性表达，实现语言知识和技能、学习策略与文化意识、思维能力的融合发展。

4. 依据教学目标，进行教学资源整合，实践英语学习活动观

基于主题意义探究的英语教学设计，是以语篇为基本学习材料，以语篇的内容和主题为中轴，辅之以聚焦语言知识学习的英语教学思路(程晓堂，2018)。如何在英语课堂教学中，根据主题和内容主线，对教学资源进行开发整合和重组，设计体现学习理解、应用实践和迁移创新三个层次的学习活动，整合课程内容六要素，融会贯通于培养英语学科核心素养中，是将新课程理念转化为课堂教学实践的关键。目前英语学习活动存在的问题有：设计缺少层次、整合和关联性，教学呈现碎片化，多以浅层次知识学习为主，缺乏真实语境下的语言实践，语言输入不充分，内化吸收不到位，输出表层化，忽视主题意义探究，无法促进核心素养的有效发展等。

教师需要依据教学目标，结合学情，抓住语篇的教学主线，整合教学资源，形成促进学生主题意义探究的学习活动。下面以某高中教师教授“Memories of Christmas”主题的阅读教学时进行的教学资源整合为例进一步理解。

【案例 1-1-2】

基于教学目标与学情的教学资源整合

该教师对教材上的教学活动进行了以下调整：

(1)教材中的 exercise 1，列出了几个与圣诞节相关的词汇，让学生根据

主题图找出所体现的词汇。这种方式不利于调动学生的思维，授课教师将这个活动调整为 brainstorming，说出与圣诞节有关的事物，并预测英国人们通常会如何过圣诞节。调整后的活动更具有开放性，既能够激活学生已有知识，还能够调动学生的思维。

(2)教材中的 exercise 2，要求学生阅读文章并找出文中提到了 exercise 1 中列出的哪些词汇，还提到了哪些有关圣诞节的其他内容。教师将其调整为学生阅读课文，直接画出自己没有预测到的内容。这样学生可以直接发现真正的英国的圣诞节和自己想象中的圣诞节有什么不同，帮助学生快速抓住文化的差异。

(3)教材中的 exercise 3，要求对列出的几个圣诞活动进行排序。教师在教学使用中发现有两个问题。一是文中两次提到唱圣诞颂歌的活动，学生在排序时会有歧义；二是这里所列的圣诞活动并不全面，学生还应该掌握其他圣诞活动，所以教师舍弃了这个学习活动，设计了一边阅读文章，一边构建思维导图的学习活动，更有助于学生对语篇结构以及圣诞节活动相关词汇、文化的掌握。

(4)教材中的 exercise 4，是 multiple choice，主要是训练学生在阅读过程中要有回文意识。教师将其调整为问答分析，既能够引导学生不断回文，找出问题答案的 clues，同时还能够借助问题引领学生分析、体会文章隐含的作者想表达的情感。

(5)教师在第一次教学时设计的读后输出任务是“Talk about memories of an unforgettable festival.”，发现学生讲述时更多是介绍自己在某个节日可以做什么，而不是做了什么。因此，第二次教学时，教师先结合自己的经历，讲述了一个自己难忘的节日，作为示范，然后让学生模仿和思考，完成最终的输出活动。

培养学生核心素养对教师的资源整合、活动设计能力提出更高要求。教师应从英语学习活动观的视角重新审视教学资源，整合教学活动，促进学科知识到学科素养的转化。

5. 通过教师主导、学生主体学习方式实现深度学习

新课程理念倡导在学习过程中应充分发挥教师主导、学生主体的作用。传统英语教学中，多以教师为主体，教师教授，学生被动地听，待学生完成练习题，教师核对答案。这种教学模式中，师生缺少互动，学生缺少对语言知识和文本意义的建构。当问及实施这种模式的原因时，教师多认为互动或小组活动太耽误时间，不如省出时间让学生多做几道练习题。然而，这种教

学模式造成学生只能被动获取信息，无法实现深度学习。学生被灌输大量知识，他们不会观察，不会分析，不会判断，不会批评，不会调整，也不会改变(梅德明、王蔷，2018)。

核心素养视角下的教学倡导教师在教学过程中起引领、设计和支架作用，学生以个体、小组合作等方式积极参与，发挥主体作用，调动思维，共同促成对主题意义的探究，促成深度学习的发生，真正实现核心素养的发展。教师的主导作用体现在对教学进行充分准备，选择提供恰当的输入学习材料，设计学用一体的学习活动，支持和辅助学生通过学习理解类活动、应用实践类活动、迁移创新类活动，循序渐进地进行学习，并引导学生积极参与评价。学生的主体作用体现为，在教师引领下，主动参与学习活动，自主建构知识，积极参与表达，学以致用。研究表明，缺乏实时的互动的练习机会和真实的讲话机会，会影响学生对知识的巩固和内化。笔者在研究过程中对学生所做的访谈表明，小组活动、角色扮演和表演是学生非常喜欢的学习方式。例如，有学生说“我喜欢小组讨论，能够发表自己的观点，还可以知道同伴是如何想的”；“今天的课我最喜欢 role play 的环节，因为大家模仿得很像，很生动”。这反映了学生作为主体对参与学习活动的需求和喜爱。

6. 丰富评价形式，实现以评促学

《新课标》提出以评促学的评价理念。传统英语教学主要以做题为主，评价形式也多为核对答案，往往忽视对表现性学习的评价。即使有对过程性学习的评价，也常常因标准不清晰而流于形式。新课程理念提倡师生合作评价，同为评价主体。首先，教师需要制订明确评价标准，标准依据是以评促学，对学生的学习起到引导和强化作用。例如，一位初中教师在教授“校规”主题听说教学时，设计的听后输出活动如下：“说一说你对某项校规的看法，评价标准至少包括以下三方面内容：(1)What is the rule? (2)Do you agree or disagree? (3)List at least 3 reasons. ”。这样的评价标准就非常明确可操作。其次，积极调动学生参与评价，注重学生互评和自评，培养学生的学习能力。引导学生进行评价时，教师要对聆听者提出具体评价要求，促使其认真阅读、倾听、记录和反馈，通过评价，从同伴作品、发言中学到新知识，并在评价中反思自己的学习问题和学习策略，实现以评促学的目的。再次，评价重点应与核心素养培养目标的定位相一致，重点关注学生在学习过程中对主题意义的理解，以及情感、态度、价值观的形成，而不应仅仅评价知识获得的多少。

笔者在教师培训中引领教师尝试将以上理念运用到日常教学中。通过对教师和学生的访谈、教师教学和学生学习日志的分析，验证了这些理念和策略在促进教师专业发展、提升学生英语学习内驱力、提高学生语言能力和发展核心素养方面的有效性。例如，有教师在教学日志中写道：“之前我局限于教教材，现在我明白，老师要根据学生的学习需要，适当地补充其他学习材料”；“现在我在课堂上更加关注学生的生成，认识到不能只是自己一个人在台上热热闹闹地演，要想方设法让学生参与进来”。核心素养培养对教师的教学提出更大挑战，而教师教学的变化能够带来学生学习观念、策略和发展的变化。希望教师们能够在教学实践中做更多尝试，通过更多的教学智慧，落实学科核心素养培养理念，助力学生核心素养的发展。

第二节　核心素养背景下的教师专业发展

一、教师专业发展的意义

Guskey(2005)认为专业发展是指为增进教育者专业知识、技能和态度的过程和活动，教育者的专业发展可以促进学生学习的进步。《新课标》提出教师的专业化水平是有效实施英语课程的关键。如果想要达成学生的发展目标，教师专业发展的内容就应适应那些目标的要求。教师的专业发展需要具备有意识、持续和系统三个特征。学生核心素养培养的课程目标对教师素养提出了更高要求，因此，要发展学生的学科核心素养，教师需要有意识地更新知识及理念，不断提升自我的专业发展，确保能够依据《新课标》中提出的学生发展目标进行有效教学。《新课标》提出四点教师专业发展路径，笔者根据多年教师培训实践和相关研究对此做进一步解析。

二、不断更新学科专业知识，提高自身语言和文化素养

学科专业知识是教学的基础，教师应当树立终生学习的理念，不断更新专业知识。经常会听到教师们说，如果长期教某个年级，自己的英语语言水平就会出现一定程度的退化。这说明了教师应当与时俱进，树立终生学习意识，不断努力保持和更新学科专业知识的必须性。发展学生核心素养的新课程理念对教师提出了新的要求和挑战。要发展学生的核心素养，教师也应当具有相应的教学核心素养，不断提高自身语言和文化素养。比如，初中英语有一个单元的主题是“不同国家饮食文化与习俗”，教师就需要通过多种渠道获取关于该主题的文化知识，形成对中外饮食习俗差异的理解，才能够正确

引导学生的学习，并在学生学习过程中恰当补充学生欠缺的文化知识，起到引领者、支持者的作用。

教师可以通过自主学习、参加培训等方式，持续更新自己的学科专业知识。例如，语音能力是学生英语学习的基础，对英语听说能力的发展也起着重要影响作用。根据《义务教育英语课程标准(2011 年版)》(教育部，2012，以下简称《义务教育课标》)，连读、弱读、意群停顿、节奏、语调等是初中阶段语音能力发展的重点。随着 2018 年起北京中考听说考试的变化，培养学生语音能力的需求更加凸显。但有些教师对语音教学缺乏自信，认为自己对语音理论知识的掌握有所欠缺。为解决这个问题，有些教师主动报了关于语音知识的网课，提升自身语音教学理论知识。针对教师这一需求，作为培训者，笔者推荐了语音知识学习的相关书籍，并组织外教进行了语音知识及语音教学活动设计的系列讲座。通过学习，教师提升了对语音知识的了解，制作了语音知识微课，提供给学生学习，发展学生的语音能力，取得了很好的效果。由此可见，教师自身专业知识的更新与教学、学生核心素养的发展息息相关。

依据多年教师培训工作的经验，归纳出以下影响教师专业知识学习的主要原因：第一，教师忙于繁杂的教学事务，特别是同时担任班主任的教师，缺少足够用于专业知识学习的时间。第二，在职教师由于将更多的精力放在对教学技能的关注上，忽视了自身学科专业知识的进一步提升。第三，职后教师培训也多以教师的学科教学知识提升为主，对教师专业知识的培训不够。因此，这就需要教师自身具有不断提升学科专业知识的意识，平衡工作、家庭和学习的时间，充分利用碎片化时间，养成每天坚持听和阅读一些原版英文的习惯，保持和提升语言水平。同时，也呼吁学校将校本培训、教研部门的培训与教师学科专业知识、学科教学知识的发展相结合。

三、积累学科教学知识，立足教学实效

学科教学知识是影响教师专业发展的重要因素。1986 年，美国学者舒尔曼(Shulman)首次提出学科教学知识(Pedagogical Content Knowledge，简称 PCK)，认为它是教师个人教学经验、教师学科内容知识和教育学的特殊整合。1990 年，Grossman 进一步提出学科教学知识包括四部分内容：(1)特定主题教学策略和表征的知识；(2)有关学生学习困难及解决策略的知识；(3)一门学科的统领性观念，即关于学科性质的知识和最有学习价值的知识；(4)课程材料的知识，主要指关于教材和其他可用于特定主题教学的各种教学媒体和材料的知识。学科教学知识是教师在真实教学中使用的、有别于纯粹

的学科知识和一般教育学的知识，是教师职业作为专业所必备的知识。

随着新课程改革的深入推进，对教师的学科教学知识水平也提出了更高要求。例如，深入研读教材，进行文本分析；整合资源，为学习提供恰当输入材料；基于英语学习活动观，设计有层次、相关联的主题意义探究活动等学科教学知识。教师需要在教学实践中加强学习和研究，不断积累学科教学知识，提高教学实效，促进核心素养培养理念在教学实践中的落实。提高学科教学知识主要有以下途径：自主学习阅读专业书籍、研究教科书及其他参考书，同伴互助交流，观课、集体备课等，专业发展活动，参加优质课、观摩课的听课和比赛，参加培训、课题研究等等。

下面以教师通过与教师教育者合作开展课例研究，促进课程资源整合的学科教学知识发展为例。

【案例 1-2-1】

通过合作开展课例研究，促进资源整合及利用的学科教学知识发展

培养核心素养需要教师具有较强的资源整合及利用能力，但一些教师对如何进行教学资源整合存在着以下困惑：(1)如何根据教学和学生的需要，对教材进行适当的取舍和调整，实现教材的合理使用；(2)如何补充恰当的课外资源、补充资源的依据以及与教学目标的关系。教师教育者可以通过带领教师进行改进教学的方式，帮助教师提升资源整合及利用学科教学知识的能力。以人教版教材七年级(下册)Go For It Unit 5 Why do you like pandas? 2d role-play the conversation 的教学为例。本单元话题是“animals”，该课时是听说教学，主要语篇是一个对话，双方谈论对家里养的宠物一只小狗和小猫是否喜欢以及原因。授课教师制订的教学目标为本节课结束时，学生们能够：发展听前预测，听中记录信息的技能和策略；根据信息记录，转述所获得的家养宠物和班级宠物听力语篇的信息；口头介绍自己喜欢的宠物。

为促进教师进行该课教学时，对教学资源的有效整合及利用学科教学知识进行合理建构，首先，教师教育者可以通过提供阅读文献、讲座交流等学习方式，使授课教师明确课程资源的内涵。课程资源也称教学资源，是课程与教学信息的来源，或者指一切对课程和教学有用的物质和人力，课程资源的开发要以学生的发展和教师专业提升为价值取向(张廷凯，2003)。合理开发和积极利用课程资源是有效实施英语课程的重要保证。《义务教育课标》提出英语课程资源包括英语教材以及有利于发展学生综合语言运用能力的其他教学材料、支持系统和教学环境等，如音像资料、直观教具和实物、多媒体软件、广播影视节目、网络资源、报纸杂志以及图书馆、班级、学校教学设施和教学环境创设等。课程资源还包括人的资源，如学生资源、教师资源和家长资源。

其次，教师教育者可以通过指导授课教师多次进行教学改进、研讨交流等方式，促进授课教师积累以下资源来整合学科教学知识。

(一)创造性使用教材资源

1. 依据教学目标和学生学习需求，适当改编教材的学习活动，将本课教材上的学习活动替换为：盲听—记录信息—转述信息的学习活动。

2. 依据语言输入与语言输出相一致原则，替换输出任务：将教材上的输出任务“Think of an animal. Ask and answer questions with your partner to guess each other’s animal.”替换为“Introduce class pets you want to have.”。

(二)巧用网络和多媒体资源

本课教学中，补充了恰当的文本和音、视频资源。如，补充了宠物小仓鼠的视频和介绍小仓鼠的音频材料，文本选自常春藤英语，请外教配音，激发了学生的学习兴趣，丰富了听力语料的输入。

(三)善用学生资源

1. 利用学生真实的生活经验

听前导入活动：播放学生录制的自己养的小狗宠物视频，教师提问相关问题，使教学内容更贴近学生生活实际，激发学生的兴趣，激活学生已有的知识和经验。

2. 利用学生个性化的思维方式

听中记录信息活动：依据学生记录听力信息的不同方式，关注课程实施中的学生资源生成，激发学生的思维和创造力，引导学生学会建立和利用自己个性化的学习资源。

3. 利用学生独特的情感体验

听后讨论活动：教师设置问题：“Which pet do you like, the dog or the cat?”学生依据对语篇文本的不同解读，有的回答喜欢听力语篇中提到的小狗，因为它聪明、有才艺；有的回答喜欢爱睡懒觉的小猫，因为它好照顾，主人可以有更多的时间和精力做自己喜欢的事。体现了教师对学生独特情感体验的关注。

通过此次课例研究，教师形成以下教学资源开发和利用的理念及学科教学知识：(1)开发课程资源的主体意识：教师是课程资源重要的开发和利用者；(2)资源整合的单元意识：基于主题单元整体教学目标整合课程资源；(3)资源整合的学生意识：采取多种策略充分开发、利用学生课程资源；

(4)资源整合的活动意识：通过恰当的学习活动实现课程资源的有效利用。

四、加强实践与反思，促进专业可持续发展

陈向明、张玉荣(2014)指出，为了有效地"学习教学"(learning to teach)，教师们需要正规教育之外的另类方式，如做中学、师徒制(共同做事)、示范和模仿、观察和反思、想象和类比等。教师真正的专业成长不在于职前培训，也不在于脱产学习，教师能力的显著提高是在其任职学习的教育教学实践中进行的(孟学英，2004)。由此可见教学实践的重要性。当然，这种教学实践不是一般意义上的教学实践，而是指向问题解决的教学实践，是发现问题、解决问题、反思改进的教学与研究相结合的教学实践。《新课标》提出，教师要在教学中把教学与研究有机结合起来，特别是通过合作开展行动研究，有目的地改进教学，在教学实践和反思过程中，实现个人专业化发展。因此，教师应结合核心素养的培养理念，基于核心素养培养中遇到的困惑及问题，通过合作开展行动研究的教学实践方式，探究解决问题的方法，反思解决效果，不断改进提升教学实践策略，助力学生核心素养发展。

合作行动研究可以是教师同伴间的合作，也可以是教师教育者与一线教师间的合作。笔者曾以教师教育者的身份，与两所中学的教师开展研究教师培训项目，由研究者与教师共同进行以教师为主体的行动研究。与日常教学中教师零散地、独立地解决问题的过程不同，在合作行动研究过程中，作为指导教师的教师教育者会在教学实践及研究过程中全程陪伴教师们，按照发现问题—提出假设—验证假设—制订行动研究计划—实施研究计划—发现新问题—调整研究计划的行动研究模式，实施以教师为主体，基于教学实践的教学研究。行动研究强调解决教学实践的问题。解决教学中出现的实际问题最能激发教师的发展动力，而解决问题的过程本身既是教师学习的过程，也是促进学生发展及教师专业发展的过程。合作行动研究总体实施步骤为：(1)发现教学问题：教学实践中有何困惑？(2)确定研究主题：教学实践改进点是什么？(3)立足教学实践：采用哪些实践做法达成问题的解决？(4)教学效果分析：基于实证分析教学实践效果如何？(5)深度反思和梳理：取得理想教学效果的原因是什么？教师教育者可以从发现问题、确定研究点、制订研究计划、采取干预措施、收集一手资料、基于证据形成结论等给予教师全方面协助和指导。通过引导式文献学习、教学实践指导、嵌入式讲座等方式，促进教师明晰教学问题，改进教学实践思路，实现研究性教学，即教学与研究的结合。合作开展行动研究可以使教师教育者与一线教师互相发挥各自优势，

促进理论与实践的相互转化，实现理论实践化以及实践理论化，促进教师有效深度学习，实现教学实践改进，提升专业发展。当然，开展合作行动研究对教师教育者也带来一定挑战，教师教育者需要不断加强自身素质。要真正成为教师专业发展的支持者，教师教育者需要具有深厚的理论基础和丰富的实践经验，并且能够自由地游走在两者之间，以促进两者的共生(杨鲁新，2018)。

五、建设教学团队，形成教研机制，开展教师间的合作与研究

(一)校本教研的重要性

教学团队建设在教学改革工作中起着重要作用，教研组是学校教学团队的基本形式，校本教研是提高教师解决实践教学问题能力，促进教师专业发展的有效途径。学校要组织好校本教研活动，形成有效教研机制。《新课标》提出，学校教研组要构建新型的教师学习共同体，形成教师之间相互支持、相互学习和共同进步的专业发展机制。传统教研组及教研活动通常存在着以下问题：教学研讨缺乏主题和系统性，不能聚焦解决实际问题；教学研讨多凭直觉，以经验为主，缺乏专业判断和理论高度；教学研讨以发言或评价为主，缺乏具体可行的改进建议。因此，学校教研组可以通过组织实施主题式校本教研的形式，构建新型学习共同体，促进学校英语教师的专业发展以及学生英语学科核心素养的提升。

校本教研是指教师在教学过程中以教学问题为中心开展的研究活动。学校是校本研究的主阵地，教师是校本教研的主体，教学问题是校本教研的核心，行动研究是校本教研的主要形式，而课例研讨是校本教研的具体形式(吴永军，2007)。

(二)课例研究是实施校本教研的有效方式

课例研究(lesson study)起源于20世纪60年代的日本，指规范的、研究式的课例研讨。课例研究是基于日常教育教学中需要解决的问题，在教育教学的过程之中持续地进行实践改进直至问题解决的一种研究活动(胡庆芳，2006，2012)。常见的课例研究有以下四种实践模式(肖建民，2004)：

1. 一位教师围绕某一主题，针对同一内容连续上三轮研究课；
2. 一位教师围绕某一主题，针对不同内容连续上三轮研究课；
3. 几位教师围绕同一主题，针对同一内容分别(先后)上一轮研究课；
4. 几位教师围绕同一主题，针对不同内容分别(先后)上一轮研究课。

每一种模式的课例研究都按照精心设计的系列步骤进行。其中，研讨交

流、授课观课、反思改进是核心。以第一种模式为例，可以按照三阶段两反思步骤实施，即每一个课例进行两次研讨交流，三次授课实践：

1. 主讲教师说课，教师们共同讨论、进行教学设计；

2. 一位教师授课，其他教师作为观察者进入课堂进行教学观察；

3. 课后授课教师进行教学反思，其他教师交流课堂上基于学生表现所观察到的问题，并提出改进建议；

4. 主讲教师对研究课设计进行修改，再次授课，其他教师再次观摩；

5. 课后教师们再次集中在一起对教学过程中出现的问题进行讨论和改进；

6. 主讲教师重新进行教学设计，教研组其他教师再次观摩。

笔者作为教师教育者，曾参与一所学校所进行的三年校本教研活动，通过基于课例研究主题式校本教研，全体英语组教师得到很好的专业发展。区督导组在督导活动中曾对该校给出这样的评价“英语教研扎实、有效，教研氛围好，教师有凝聚力，善于把握教研细节，乐于创新，研究课具有较强的引领性，彰显新课改”。

基于课例研究的教研活动具有以下优点：

1. 帮助教师发现课堂中潜在的、真实的问题

课例研究是围绕如何改进一堂课开展的研究，其目的是让教师学会有目标、有方法地研究课堂教学的改进。

在课例研究中，通过共同研讨学习，反复修改教学思路和方法，能够切实解决教学中的实际问题。

2. 帮助教师在课堂中进行教学实验、创新

课程改革的核心环节是课堂改革。在课例研究中，通过对一些关键问题以一种研究的方式进行深入思考，不断实现创新和提高是教学相长的过程，也是促进教师专业发展的途径。

3. 帮助教师学会合作、分享

教师之间一起合作开展的研讨，给予每一位教师学习机会及启发，实现教师间的合作，有助于学习共同体建设，并实现同伴间智慧、资源和成果的共享。

4. 帮助教师学会关注学生

课例研究倡导多角度的课堂观察，并且倡导课堂观察的目的不是指向教师，而是关注学生的学习和发展。教师不是为完成一节课的预定内容赶进度，而是在课堂师生互动中关注学生的表现。因此，教师能够学会从学生任务表现、学生作品、学生课堂生成等角度，观察学生在课堂学习前后对当前话题

认识的变化、学生的发言情况、学生探究的程度等，帮助教师从学生的角度思考教学。

5. 帮助提升教研活动的理论层次

经常有教师抱怨教研活动只是经验分享，缺乏理论提升。有效实施课例研究，不仅需要教师的热情、动力和决心，还需要有专业理论的支持。没有相应的理论素养做基础的课例研究只能是肤浅的、空泛的，称不上是研究。在教育理论指导下进行课例研究，有助于教师对教学中的感悟进行归纳分析和理性思考。聘请校外教育专家或从事教育研究的人员及时地给教师一定的专业指导，有利于更好地开展课例研究。可以指导教师学习如何通过学生问卷、访谈、教师和学生的反思收集学生学习和素养发展的证据，还可以对教师进行课例研究所需的常规技能加以培训，增强教师的课程设计能力、课堂观察能力以及课例论文撰写能力。

(三)有效实施校本教研需注意的问题

学校和教研组可以不断创新教研活动，为了有效实施教研活动，学校和教研组需要注意以下几个方面的问题：

1. 建立完善的教研制度

明确教师在教研活动中的义务和责任，鼓励和培养教师形成研究意识，激发教师参与的热情，从而保证教研活动的正常开展。

2. 创造和谐的教研氛围

创造和谐、友好的教研氛围。教师在研究的过程中应各抒己见，教师之间相互理解，不断反思，并建立起教师学习共同体，共同提高。

3. 给予教师充分支持

在时间上给予充分支持，学校可以给每个学科固定的教研时间。另外，从专业理论上给予支持，可以聘请专家，定期参与教研活动。

以上任何单一的教师发展途径，不可能对不同发展阶段的所有教师个体有效。教师可以结合自身特点、专业发展阶段和发展需求，将几种发展途径相结合，从个体和组织层面创造促进专业发展的条件，提升专业素养。

第二章　英语学科核心素养培养策略

学科核心素养培养要在具体教学中落实，既要注重融合发展，又要依据具体教学内容的适切性，有所侧重。学科核心素养培养要在语言知识学习、语言技能发展、文化内涵理解、多元思维发展、价值取向判断和学习策略运用整合基础上实现。本章结合具体案例，探讨英语学科核心素养中语言能力、文化意识、思维品质、学习能力四个方面的培养策略。

第一节　语言能力培养策略

一、语言能力培养的重要性

语言能力是英语学科核心素养的基础。语言能力指在社会情境中，以听、说、读、看、写等方式理解和表达意义的能力，以及在学习和使用语言的过程中形成的语言意识和语感。语言能力的发展是建立在语言知识的学习、运用能力及语言技能发展基础之上的。语言知识包括语音、词汇、语法、语篇和语用知识。语言技能包括听、说、读、看、写等方面的技能。学习语言知识的目的是发展语言运用能力，而语言技能是语言运用能力的重要组成部分。在实际教学中，教师要根据学生的实际情况，设计各种语言实践活动，促进学生语言知识的学习，以及听、说、读、看、写等过程中微技能的培养。本节以听记信息、听后复述技能为例，探讨通过语言知识学习、微技能、学习策略和学习能力的培养，发展学生语言能力的实践策略。

二、通过听记信息技能培养发展语言能力

听记信息是一项重要的听力技能。当前中学生在听记信息时存在“听不懂”“记不下”“拼写错误”等问题。听说教学可以针对学生听记信息存在的问题，从提高学生听力理解能力，提高学生速记、细节信息记录和概括性信息记录能力，提高学生听力词汇学习和拼写监控能力三个方面提升中学生听记

信息能力，促进学生听说语言能力的发展。

(一)听记信息技能的重要性

语言是一种听说现象，而听记信息是一项重要的听力技能。《义务教育课标》关于听力技能的五级目标要求学生能针对所听语段的内容记录简单信息，可见学生听记信息能力培养的重要性。听记信息是指学生在听的过程中用恰当的词语、数字、图形、思维导图等形式尽量多地记下所听语料的信息，即以个性化方式记录和呈现听力语料内容。有研究表明听记信息能促进听者对听力语料重要信息的选择注意和编码加工，是仅仅用脑记忆的有力辅助，有助于听力信息的理解、记忆和提取，促进听力理解能力。

注意力和记忆力对英语学习起着重要作用，听记信息能够增强学生听时的注意力，训练听力记忆力。Anderson(1995)将听力理解过程分为三个阶段：感知、分析和运用。研究认为这三个理解阶段分别对应着记忆的三个阶段：感知记忆、短期记忆与长期记忆。感知记忆是指对感官获取的、未经过分析加工的信息进行极其短暂的保留的瞬间记忆，其特点是保留信息量大但保存时间短暂。短期记忆对听力理解的影响很大，受到注意的感知信息进入短期记忆，在此阶段，有些重要信息经过编码处理之后转为长期记忆，然后以命题、概念、图式等形式长期存留(刘龙根、苗瑞琴，2011)。听记信息有助于学生对重要信息进行选择和注意，促进感知记忆信息转为短期记忆信息，短期记忆信息转为长期记忆信息。

(二)中学生英语听记信息能力现状及存在问题分析

1. 中学生英语听记信息能力的现状

听记信息能力在英语学习中起着重要作用，而当前的实际情况是中学生听记信息能力普遍较弱。2018 年，北京市开始实行新的中考政策，英语学科中考的一个很大变化是首次增加了口语能力测试，与听力能力测试相结合，组成听说考试部分，占英语中考总分的 40%。新中考听说考试包括以下五部分内容：听后选择、听后回答、听后记录、听后转述、短文朗读。在这五部分中，前四部分都和听记信息能力有不同程度的关联。其中，听后记录直接考查学生听记信息能力，听后转述则是在听记信息的基础上进行复述。

听后记录和听后转述均为中考新增加题型，凸显了教师要重视培养中学生听记信息能力的导向。听记信息题具体测试方式如下：计算机屏显一个听力语篇笔记记录表，多以表格或信息结构图方式呈现，其中留出五个空白处请学生填写。测试时，考生会有一分钟时间可以预先浏览笔记记录表，之后会听到一段 150 词左右的英语短文录音，连续播放两遍，考生在听完两遍录音后，要在一分钟内以键盘输入方式完成记录表中的五个词语填空。每空一分，共计五分。听后转述的测试方式是再次听一遍录音，之后有两分钟时间做转述准备，然后在两分钟内完成转述录音，因此，为了增加转述内容的完整性，学生除了记录五个听记表空格信息外，还需要在稿纸上尽量多记录些关键信息。

目前的中考听说考试成绩显示了中学生听记信息能力薄弱的现状。以北京市某区初三年级上学期进行的全区新中考听说模拟考试成绩为例，学生得分率由高到低依次为：听后选择、听后回答、短文朗读、听后转述和听后记录，由此可见学生听记信息能力急需加强。

2. 中学生听记信息能力存在的问题

基于学生在中考听记信息题中的表现，可以归纳出初中生在英语听记信息方面存在的三个主要问题：

(1)英语听力能力弱，没有真正理解听力语料

听力理解是听记信息的前提和基础，虽然中考时考生只需填写五个词语的空格，但因为给出的可视信息是表格或结构图，不是给出全文，所以，这五个词语的空格需要学生在理解全文的基础上才能准确填出。有些学生没有真正理解听力语料，造成无法抓取到所需填写的信息。

(2)能够听懂大意，但不能记录下关键信息

由于缺少相关训练，学生听力短时记忆力弱，通常是听了后面忘了前面，或者缺少速记技能训练，边听边记有困难。还有些学生能够记录部分细节信息，但缺少语篇意识，不能对获取的信息进行概括整合，无法记录能够表达听力语篇意义的关键信息。还有些学生能够抓取到恰当信息但来不及填写。

(3)听懂并记下了信息，但单词拼写错误

有些学生抓取到恰当信息并记录下来，但由于单词没记住，词汇拼写能力弱，造成拼写错误。或者仅仅听音写词，缺少根据上下文进行推理判断的能力，造成填写单词错误。例如，一次听后记录测试中，有学生将 better 一词写为 beter、beder、butter、batter、bater 等，就是此种情况的表现。

目前，关于听记信息能力的培养已经有一些研究，但研究对象主要以大学生为主。例如，刘海瑛(2006)利用实证研究方法，证实了速记策略对大学英语学习者听力理解力的促进作用。有研究者认为听力笔记能力是综合语言运用能力的重要部分，对听力记忆和理解起到重要作用，并探讨了如何培养大学生的英语记录能力(陈吉棠，2009)。卢敏(2006)从听力策略训练角度，探讨了笔录策略培养促进大学生英语专业八级考试中笔录与填空测试成绩提

高的问题。已有研究中，关于如何提高中学生英语听记信息能力的研究较少。而长期以来，在基础教育阶段由于一些教师忽视对学生听记信息能力的培养，或者培养方法欠妥，学生听记信息能力较为薄弱。

(三)提高中学生英语听记信息能力的教学策略

听记信息对听力信息的获取、记忆、理解和转述起着重要作用，对学生综合语言能力要求较高。针对前文分析的学生听记信息存在的问题，提出以下对应策略：

1. 转变听说教学理念，提高学生听力理解力，解决听懂问题

听力理解力是听记信息的前提，为了培养学生听记信息能力，教师首先要提高学生的听力理解能力。一系列因素共同作用对听力理解能力产生影响，提高听力理解能力要通过优化这些组成部分来实现(王艳，2012)。这些因素包括听说学习活动设计，提高学生的语言知识、话题知识、策略知识等。首先，教师应该转变听说教学观念，不能将听力教学仅仅等同于放录音、做题、核对答案，而应该引导学生 learn to listen and listen to learn，即学会听和在听中学。因此，教师需要设计恰当的听说学习活动，达到真正提高学生听力能力和在听中学习英语的双重目标。例如，词汇是影响学生听力理解的一个因素，教师可以设计恰当的听力活动，培养学生在听的过程中进一步理解、习得和运用词汇的能力。此外，有研究认为预测技能是促进学生听力理解力的重要技能之一。听力是一个实时的假设过程，当一句话说出来时，我们假设它的意思，然后不断证实或修订之前的预测和假设(Wilson，2011)。如果听者能够恰当运用预测技能，就能够在听时有注意、选择和重点地听，从而减少记忆负荷，提高听力效率。中考时学生在听记信息前有一分钟时间可以预先浏览笔记记录表，根据所给的可视信息进行预测，可见预测技能的必要性和重要性。因此，作为影响学生听力理解能力的一系列因素之一，教师可以注重培养学生听前预测的意识和能力。下面，笔者结合案例分析教师如何通过设计恰当的学习活动，培养学生的预测能力。

【案例 2-1-1】

通过恰当听说学习活动培养学生预测技能

某教师在教授 life is full of the unexpected 主题视听材料时，为了培养学生的预测技能，设计了以下学习活动：

(1)先让学生根据题目猜测主人公会有什么意外的遭遇？

(2)之后将视频声音关掉，让学生观看视频的结尾部分，根据画面所呈现的结果对整个视听内容进行猜测，并完成以下的选择题：

What do you think happened?

A. The man arrived very late for dinner.

B. The woman was angry.

C. The man didn't have his wallet.

D. The woman paid for dinner.

(3)然后教师播放带声音的视频结尾部分，学生通过观看验证自己的推测，原来是男主人公约会迟到了，之后老师设计了以下学习活动：

Predict the reasons why he was late?

【评析】

通过这个案例可以看到，教师能够培养学生根据题目、画面或图片、已给文字或可视信息、自己已有知识或体验，对即将听到的信息进行预测的习惯和能力。也能够让学生在听的过程中，根据已获得的部分信息和书面练习的题干、选项等信息，对后续听力内容进行预测和推断，从而提升听力理解力。可以看出该教师围绕培养预测和推断技能的目标，设计恰当的学习活动，将培养预测技能落在实处。影响学生听力理解能力的因素很多，教师需要精心设计有助于学生知识学习、技能发展、策略和素养培养的听说学习活动，促进学生听力理解能力的发展。

2. 培养三种信息记录能力，解决听记问题

影响学生听记信息的另外一个关键因素是信息记录能力，涉及以下三个方面：速记能力、细节信息记录能力和概括性信息记录能力。

(1)速记能力培养

在听记信息训练中，学生经常说“听力内容不难，但是语速太快，记不下来”。这说明教师需要培养学生的速记能力，例如，指导学生运用常用的速记符号、缩略词、简略语等。需要注意的是听力理解过程是个体化行为，教师可以提供一些技术指导，但要鼓励学生采用自己熟悉的方式，形成符合自我需要的个性化速记方法。

(2)细节信息记录能力培养

学生听记信息能力弱的一个重要原因是由于平时缺少听记信息的练习。因此，教师可以适当地设计听记信息学习活动，并适时地指导学生记录的原则。例如，不需要记录完整句子，可以根据自己的能力，尽力记录一些关键词和短语，培养学生在听的过程中自下而上的语言加工能力。下面为大家介绍一个通过盲听培养学生听记细节信息的学习活动。

【案例 2-1-2】

通过盲听培养细节信息记录能力

某教师在教授人教版九年级 Unit 7 Teenagers should be allowed to choose their own clothes 的 Section B 听说内容时，设计了以下听说学习活动。听力内容是关于 Peter 和爸爸的对话，谈论了 Peter 因上学迟到没能参加考试，该怎么办。

①请学生观察教材上的主题图，对所听内容进行预测；

②请学生听第一遍录音，边听边在学案表格中记录信息(见表 2-1)；

③同伴之间互相分享交流所记信息，对自己的记录进行补充；

④师生互动，请部分学生反馈自己记录下来的信息，教师对学生未捕捉到的部分信息以提问的方式进行启发，引导学生关注；

⑤请学生听第二遍录音，补充记录新的信息。

以下是一个学生的信息记录表：

表 2-1　学生盲听信息记录

1st listening	missed the test had to walk to school unfair, chance could pass the test not allowed to be late
2nd listening	big test today, Peter missed the school has to have the rulers talk to the teachers after shool, explained

【评析】

盲听是指不为学生提供任何形式的听力文字信息，以免对学生的听力起到选择注意或预测导向，避免学生在听的过程中只关注与练习答案有关的个别词、句。盲听能够使学生在听的过程中尝试对听力内容进行整体记忆和理解。该教师没有采用传统的选择、填空等听力学习活动，避免为学生提供任何与听力内容相关的可视信息，而是直接让学生听并记录信息。学生根据自己的实际情况进行记录，可以是听到的任何信息，有的学生可能只能记下个别词汇，有的学生可能能够记录一些关键词和短语。之后通过学生间的交流和反馈，能够为学生在第二遍听力中获取更多信息提供启示，搭建框架，促进学生的进一步理解。学生在第二遍听力中能够记下更多一点的信息，如上表所示。根据需要，教师甚至可以请学生听第三遍再进行信息补充。盲听记录法既能够训练学生边听边记录的能力，也有助于学生的精听，培养学生自下而上的语言加工能力，增进学生对听力语料的记忆和理解。精心设计的填空练习是一种很好的听记信息训练方式，但很多教师在设计听力填空时，不是将听力文本进行转写，通常只是将原文挖空。这种方式不仅给学生提供了过多的文字可视信息，而且学生通常不用进行系统的记忆和复杂的思考、推理过程，注意力和记忆重点一般仅仅放在与答案有关的词、句上面，学生通常只需要听辨所缺词语，大大降低了听力难度，不能真正起到训练学生听记信息的能力。笔者对学生的听力学习感受进行了访谈，有学生说到自己能够正确完成听力填空任务，但实际上并没有真正听懂语料，这是因为学生在听的过程中只关注了所缺信息，并没有去记忆和理解听力材料的整体意思。学生盲听记录信息的方式能够避免这个问题，之后根据所记录的信息转述听力内容，能够促进学生对听力内容的理解。

(3)概括性信息记录能力培养

学生听记信息能力弱的另外一个原因是学生在进行听力学习时，只抓取了浅层信息，缺少语篇意识，不能对获取的信息进行概括整合，实现信息的深加工。教师可以指导学生利用信息结构图、思维导图记录信息的方法，培养学生边听、边记、边整合加工信息的习惯和能力，培养学生在听的过程中自上而下的语言加工能力。经过编码和加工的概念性信息更容易成为长期记忆信息。培养学生概括性信息记录能力需要遵循一定的过程。第一阶段，教师可以将学生听记信息的学习活动设计为图表、思维导图等信息结构图形式，初步培养学生听记概括信息的能力。第二阶段，教师可以让学生在听完后根据自己记录的信息，或者回读听力文本后，画出结构图，培养学生自己将零散信息概念化和结构化的能力。第三阶段，可以让学生边听边用个性化结构图记录信息，鼓励学生创建适合自己进行信息记录的个性化结构图。这样能够逐步培养学生在处理听力信息时的深度思维能力和自上而下的语言加工能力。

【案例 2-1-3】

利用信息结构图培养概括性信息记录能力

某教师一直注重学生利用信息结构图对听记信息能力的培养。在教授人教版教材七年级(下册)Go For It Unit 5 Why do you like pandas? 2d role-play the conversation 内容时，设计了以下听说学习活动。听力内容是 Peter 和 Jenny 谈论自己的家庭宠物：一条小狗和一只小猫。

①请学生预测听力内容；

②请学生听并记录信息，播放两遍录音。

表 2-2 是一位学生边听边记录的信息：

表 2-2　学生听记信息结构表

Name	New pet	Pet's name	Character	Abilities
Peter	dog	Dingding	smart，really cute	dance，walk on two legs
Jenny	cat	Lazy(good name for her)	kind of boring	sleep all day

【评析】

从案例中可以看到，学生在经过训练后，能够一边听，一边画出简单的表格，将所听到的信息进行加工整理，提炼出上位的概念性信息：new pet，pet's name，character，abilities，并将支持性细节信息进行记录和归类。有人认为在听的过程中画思维导图会比较难，的确，如果只听一遍，学生很难形成结构化图示。但实践证明，教师如果经常在听说教学中采用图表、思维导图、结构图等听力信息处理方式，学生能够在第一遍听时捕捉大意和形成初步概念，通过第二遍或第三遍听，对听力语料进行深度理解、加工和概括，边听边形成概念框架，并以结构图的形式呈现，发展较高水平的听记信息能力。因为这种信息记录结构性、逻辑性清晰，也有助于培养学生依据信息记录进行转述的能力。

3. 培养学生听力词汇学习和拼写自我监控能力，解决准确性问题

信息记录的准确性也是听记信息能力的一部分，听记信息的准确性还会在一定程度上影响基于记录进行复述的准确性，从而影响语言输入和内化的准确性。听记信息的准确性与学生的听力词汇、音形对应拼写能力，根据前后文推断、监控和修改拼写的意识和能力有关。外语学习者的听力词汇通常远远少于阅读词汇，也就是说有很多词汇在阅读中认识，但却听不出来，这是因为很多词汇是通过视觉学习习得，而不是通过听觉学习习得。恰当的听力学习词汇的方法和拼写自我监控能力培养有助于听记准确性问题的解决。

【案例 2-1-4】

培养学生在听力学习中积累话题词汇的能力

听力中的词汇该如何学习，是否需要预教，一直是教师们比较关注的问题。很多教师认为听前预教一些难词能够促进学生的听力理解。而有研究表明，预教词汇是所有听前技巧中效率最差的，对学生来说，新学的词汇由于在听之前的几分钟首次遇到，通常在听中阶段不易听懂，因此，除非对理解

听力材料至关重要的个别单词，否则不值得预教(Wilson，2011)。而且，只是听前预教一遍新词，后续活动中如果缺少再次遇见新词的机会，也无法促进学生真正习得这些词汇。听力教学对词汇学习的价值在于为学生提供通过声音输入接触词汇的机会，学习词汇的发音，并在句子、语境中猜测词汇意思，通过说的机会内化和激活词汇，通过多种感官渠道和多次机会处理某些词汇，促进词汇的学习。下面为大家介绍一种帮助学生在听力中学习和积累词汇的方法。某教师设计了帮助学生在听力学习中积累话题词汇的学习单，内容包括：听力学习前关于该话题的已知词汇、课上学习补充的新词汇和同伴分享补充的词汇，引起学生对这些词汇的注意，再配合精心设计的听和说的活动，不断强化这些词汇，最终促进学生听力话题词汇的习得。

表 2-3 是学生在学习人教版教材七年级(下册)Unit 5 Why do you like pandas? 的 Section A 听说内容时积累的话题词汇，听力内容是对自己喜欢的动物的描述，包括名称、外貌和特征。

表 2-3　学生听力学习话题词汇积累

内容 词汇	What Animal	Why like or don't like it (Description words: appearance & characteristics)
已知词汇	panda, dog, fish, cat, tiger, lion, giraffe, shark, pig, sheep, koala	smart, lazy, friendly, scary, shy, lovely, small, big
课上学习补充词汇	goldfish, whale, turtle, mouse, snake, rabbit	cool, loyal, interesting, helpful, useful, safe, cute, pretty
同伴分享补充词汇	dolphin	clever, beautiful

【评析】

目前，有些学生存在的问题是能听得懂，说得出，但提笔一写就出错。词汇是英语学习的基础，而听力词汇的学习和扩展尤其重要。

听说教学中教师可以围绕话题帮助学生学习词汇，重视学生话题词汇的积累，以及学生词汇音、形对应能力，特别是听音后迅速拼写出词汇能力的培养。根据话题积累词汇有助于学生形成话题情景和语块，增强将来听到相关话题时的词语预测能力、口语表达时的话题词汇提取能力。此案例中学生基于教师设计的词汇学习单，在完成其他听说学习任务的同时，适时根据听说话题积累词汇，既有助于学生口语表达能力的提高，也有助于学生听记信息能力的发展。

【案例 2-1-5】

通过听写活动培养学生拼写自我监控能力

学生在记录信息时出现的一些错误可以根据前后文语境、语法和固定搭配等知识进行自我修正，增加信息的准备性。但笔者根据长期课堂观察发现，很多学生缺少自我监控和修改的意识和习惯，需要教师有意识地培养，例如，在记录信息后给学生时间进行自我检查和修改。其中，听写作为一种精听活动，对准确性要求比较高，是有效培养学生自我监控能力的方式。某教师对初一年级学生进行听写训练，以下是听写的具体内容：

Before each breakfast, we'd better get up an hour early and go for a walk. After we finish the morning walk, we will find the breakfast more delicious. A cup of milk, some bread and two eggs will make us feel good the whole day. We can also eat some fruit, but not too much for breakfast.

以下是一些学生可以利用语法、词语搭配等知识进行自我监控修改错误的案例：

(1)we better get up an hour early(we'd better，语法)

(2)a cop of milk(cup，词语搭配)

(3)not to much for breakfast(too，词语搭配)

【评析】

虽然记录信息不等于听写，听者不可能将所听到的内容全部记录下来，但日常教学中的听写练习对培养学生边听边记，特别是听音写词、根据前后文语境和语法自我监控、修改所记录信息的能力有很大帮助。因此，培养学生在听记信息时关注前后文联系，利用词语搭配、时态、单复数等语法知识对记录的信息进行修正的意识，提高听记信息的准确性。教师也可以用难度略低于学生语言水平的听力材料，或者含有听力难点，如连读、弱读等语音现象的句子进行听写练习。

听记信息是英语学习的一项重要技能，在实际生活中也经常会用到。教师可以结合文中提到的几种方法，有规划、系统地逐步培养学生英语听记信息的技能，促进学生语言能力的发展。

三、通过听后复述策略培养语言能力

“哑巴英语”一直是我国英语教学需要解决的问题，我国近几年英语基础教育改革更加侧重对初中生英语听说能力的培养，解决“听不懂”“说不出”的问题。教学实践证明，听后复述作为对听力内容的产出性回应，能够整合语言学习的听和说，实现输入输出一体化，有效促进学生听说能力的发展。学生通过复述所听目标语，促进对所听材料内容的理解和语言形式的吸收，并通过复述练习增加口语流利性，有助于学生听力和口语技能的发展以及综合语言运用能力的提高。

(一)听后复述能力培养概述

复述(retelling)是英语学习的一种常用认知策略。Weinstein & Hume(2003)把复述分为两大类：基本复述学习任务和复杂复述学习任务。前者是指通过对输入材料的“机械”性重复，提高对学习内容的熟悉程度，是一种低层次的记忆，旨在通过重复原文达到增强记忆的目的。这种复述主要是起到对输入语言的内化作用。后者是指用自己的语言对所输入材料进行重新组织、概括、提炼，然后表达出来，涉及理解、加工、再创造等过程，能够加深对学习材料的理解和记忆，并提供口语练习的机会。这种复述主要是作为语言的理解性输出方式。本文中所说的复述涉及以上两种类型，主要指后者。英语教学中有两种形式的复述：根据所听材料进行复述和根据阅读材料进行复述。本文中指的是第一种，即听后复述，是指学生听一两遍录音，听时做信息记录，在对听力材料理解的基础上，经过提炼信息和整合信息，用自己的语言表达出来的过程，涉及听说两种技能。复述过程中，大量可理解性语言输入被学习者感知、解析、运用，并在运用中循环往复，不断修正语言，培养学习者良好的英语语感，建立听与说的对应关系，提高他们口语输出的连贯性、流利性和准确性(Anderson & Linch，1988)。

2018年北京市英语中考听说考试首次增加了听后转述题型，满分5分，表2-4为具体评分标准。

表2-4　2018年北京市英语中考听说考试听后转述评分标准

维度	评分标准	
内容(权重60%) (完整、充实)	5分	要点完整、内容充实
	3—4分	要点完整、内容基本充实
	1—2分	只复述了少量相关内容
	0分	复述内容与题目要求完全无关

续表

维度	评分标准	
语言运用(权重40%) (准确性、连贯性、流利度)	5分	有个别语法及语音语调错误； 有一定的连贯性和流利度
	3—4分	有少量语法及语音语调错误，不影响理解； 有一定的连贯性和流利度
	1—2分	有多处语法及语音语调错误，但基本不影响理解； 连贯性差，表达不流畅
	0分	语言错误较多，表现出较严重的发音困难，表达支离破碎，无法理解

从上表中可以看到，听后转述评分标准包括内容和语言运用两个维度。内容维度主要是指要点完整、内容充实，语言运用维度主要是指转述语言的准确性、连贯性和流利度。在初中英语教学实践中，有些教师将听后转述简单处理成让学生做中考听后转述模拟题，学习听后填空和听后转述的答题技巧。备考技巧训练有一定必要性，但仅仅训练备考技巧并不能真正培养学生的语言能力，起不到促进学生听说能力发展的作用。笔者进行的实践研究表明，有效培养学生语言能力的途径是将复述融入到日常听说教学中，指导学生的复述策略，提高学生复述能力。本部分将分析如何在日常听说教学中设计恰当的听后复述活动，培养学生关注语言形式、话题主题、话语标记语和词块的意识，提高复述的准确性、完整性、连贯性和流利度，真正帮助学生提高英语口语交际能力。

(二)听后复述能力培养实践策略

1. 培养学生关注语言形式意识，提高复述语言的准确性

根据笔者的课堂观察，学生进行口语表达时通常词汇贫乏，词不达意；使用的句子不完整，语法错误较多，有时甚至是短语的罗列；发音和表达“中式英语”情况严重。这由两方面因素造成：一是输入性语言知识不能自动转化成输出性语言知识，输出性语言知识通常要少于输入性语言知识，这说明学生还没有足够的能够产出的语言知识储备；二是学生的语言知识还没熟练到能够支持产出的自动化程度。复述既可以作为语言内化方式，也可以作为输出方式，对产出性语言知识的积累和自动化都非常有帮助。

(1)通过基本复述学习任务提高语言准确性

把复述作为语言内化的方式，引导学生关注复述时语言的准确性很重要。

这里的准确性主要指复述时语音、语调标准，语言使用符合语法规则，用词准确和恰当。复述的准确性是建立在信息记录的准确性基础之上的，因此，最初开始训练学生听后复述能力时，可以给学生提供一些听记信息的辅助，例如，以表格形式，给学生一些文字可视信息支持，降低听记难度。复述之前，可以让同伴之间互相交流核对记录的信息，增加学生复述自信心。复述时鼓励学生将记录下来的信息用正确的语法、词汇表达清楚即可，增加学生的兴趣和动力。随着学生复述能力的提高，再逐步提高复述要求。教师可以通过恰当的听后复述活动，培养学生词汇、语法、功能句等新语言形式的积累。这种复述属于前文提到的基本复述学习任务，能够通过半控制性练习提高学生语言熟悉程度，起到操练、记忆新单词，练习语法使用，积累句子表达并增强语言熟练程度的作用，有助于增强口语表达的准确性。下面以某初一年级教师在教授“动物”话题时的一个听后复述活动设计为例，证明同伴间的角色扮演、句型操练等听后复述活动很有必要。

【案例 2-1-6】

基本复述学习任务

教师教授教材上关于观看动物园里的动物听力对话时，设计了听与填写动物名称、特征和主要生存国家的表格信息，最后以对话形式进行复述的活动(见表 2-5)，其中粗体是教师给出的信息，其他为学生需要听记填写的信息。

表 2-5 表格式听记信息和对话式复述活动

Animals	Features	Countries
pandas	kind of interesting	China
koalas	**very cute**	Australia
lions	really scary	**South Africa**

学生完成听记信息之后，教师给出以下句子作为表达框架，让学生两人结对进行角色扮演的方式复述对话，操练对动物话题的描述。

Julie：Let's see the ________ . Do you like them?

John：Yes，I do. /No，I don't.

Julie：Why do/don't you like them?

John：Because they're ________ .

Julie：Where are they from?

John: They are from ________ .

(2)变式训练基本复述学习任务，强化语言准确性

除此之外，教师还可以结合学生语言能力发展的需要，通过变换复述要求和形式，增加复述难度，训练学生口头语言运用的准确性。教师可以让学生将对话性听力材料变为陈述性复述，或者是给出复述的首句，变换一下人称或时态，例如，将原文第一人称变为第三人称，将一般现在时变为过去时，然后让学生进行复述等。这样可以有针对性地引导学生在口语表达中进行人称或时态运用的训练，学生在复述时需要更加关注人称、时态等语法的准确性。下面以前文提到的课例中的另一个听后复述活动设计为例。

【案例 2-1-7】

基本复述学习任务的变式

完成第一个听力材料的学习后，教师又补充了一个听力材料，内容是四个朋友谈论各自喜欢的动物及其原因的对话。教师设计了以下听记信息表格和陈述式复述活动(见表 2-6)，其中画线部分是教师给出的信息，其他为学生需要听记填写的信息。学生完成听记信息后，教师让学生将对话转变为陈述并进行复述，并给出复述的第一句话："People like different animals."。练习和巩固第三人称单数在口语表述中的运用。

表 2-6 表格式听记信息和陈述式复述活动

Name	Animal	Reason
Amy	rabbits	• cute
Lily	dogs	• helpful -**keep** homes safe -**help** blind people
Jerry	snakes	• interesting -**have** small mouths **but** can eat big animals
Sara	mice	• useful -**help scientists make medicines**

教师还可以培养学生复述时对错误的自我监控和修复意识，或者对同伴复述的倾听及纠错的意识和能力，这些都有助于语言表达准确性的提高。实践证明，经过这种基本复述学习任务训练，学生不只是关注复述内容了，还增强了对语言形式的关注意识，学生普遍反映"复述时更注重发音和语调了"，

“不是随意说了，更注意语法的正确性了”。李传益(2014)指出复述式语言输入加强了对学生目标语的语言知识的积累和巩固，随着复述输入的不断增加，学生对目标语的语言现象的敏感度也会不断增强，使他们掌握许多目标语的语言形式和规则，逐渐摆脱母语干扰，更加准确、流利、地道地运用目标语进行交流。

2. 培养话题主题意识，提高复述的完整性

《新课标》指出，主题为语言学习提供主题语境，学生对主题意义的探究应是学生学习语言的最主要内容，它直接影响学生语篇理解的程度、思维发展的水平和语言学习的成效。有些学生在听后复述时存在的一个问题是缺少语篇意识，对话题缺少整体概念，造成复述内容不全面，有些维度的细节信息很多，有些维度却没有涉及。这从另一方面表明，学生在复述过程中只是机械地将听到的浅层信息进行了转述，缺少对内容主线和主题意义的关注，不能对获取的信息进行概括整合，实现信息的深加工。教师应注意培养学生复述时的主题意识，注意与话题相关的多维度信息的听记，提高听后复述内容的完整性和充实性。在培养学生基本听后复述能力的基础上，教师可以采取以下方式逐步培养学生的复杂复述学习任务的能力，鼓励学生进行创造性复述，为形成自主口语表达能力奠定基础。

(1)设计信息结构图式听后复述活动，培养话题语篇意识

教师可以将听记信息的活动设计为思维导图等信息结构图格式，呈现基于主题的语篇框架，让学生通过听的形式完成主题框架下细节信息的记录。设计信息结构图时，教师呈现的文字信息应精炼，避免大段摘自听力原文，让学生所填写的信息也应是概括性信息，学生若想完成结构图信息的填写，需要对听力语料进行深度理解和加工，而不是简单的听音写词，避免学生在听的过程中只关注与填空答案有关的个别词、句，而忽视对听力材料整体信息的理解和记忆。学生在依据信息结构图进行听后复述时能够从语篇层次增强对主题的理解，从话题涉及的不同维度进行较全面的复述。例如，某初中教师在教授校服的优点与弊端的听力材料时，设计了以下听记和复述活动(见图 2-1)。

(2)通过盲听后的复述活动，促进对听力语篇的整体性理解和表达

填空式听记和复述虽然有助于学生的选择性注意，但学生通常除了填空以外的信息不会再记录其他信息。学生在复述时也通常只需要将教师给出的文字信息加上开头、结尾，根据记录的填空信息，将短语变成句子。这样的活动不利于训练学生对复杂信息复述的能力，也影响复述信息的丰富性，不

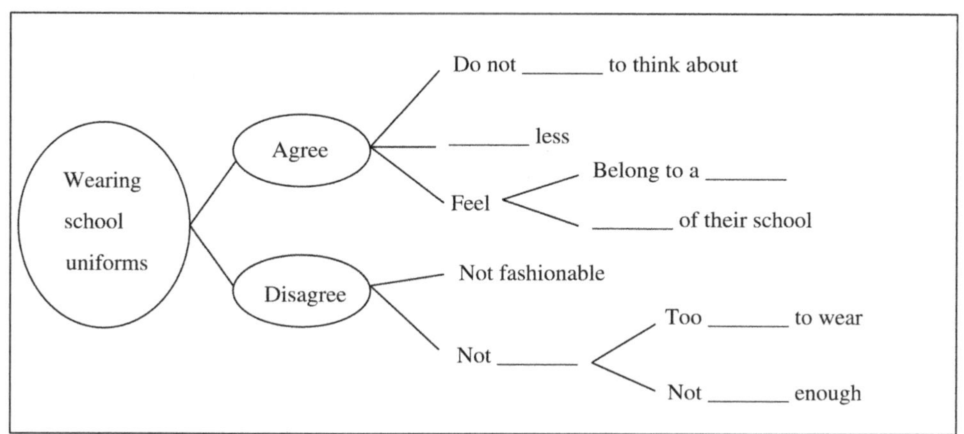

图 2-1　信息结构图式听记信息和复述活动

利于学生真正的复述和口语表达能力的发展。教师可以逐渐从信息结构图式听记和复述过渡到让学生进行盲听，即不为学生提供任何形式的听力文字信息提示，让学生直接听，记录信息。然后同伴分享交流，再次听以及补充记录信息。教师可以根据需要循环该过程，让学生不断补充和丰富记录信息，并根据自己的记录，或者在浏览回读听力文本的基础上，画出信息结构图，然后根据信息结构图进行复述。盲听后复述有助于学生对听力语篇的整体性理解，并能够从不同维度表达对主题的理解，避免内容的缺失，增加复述的完整性和丰富性，甚至在此基础上增加自己对所听内容和观点的评判，体现复述和口语表达的创造性。

3. 培养话语标记语意识，提高复述的连贯性

有些学生复述时的一个表现是句与句之间缺少衔接，造成表述生硬，不自然。有时在复述停顿时会出现“呃、那个”等汉语式表达方式，而不会使用“Well，I think”等表示填充停顿的英语式表达。教师培养学生的复述能力时要关注复述的连贯性，即语言组织有逻辑，语流连贯，句子间的衔接自然得当，这与话语标记语的恰当运用有很大关联。王立非、祝卫华(2005)将口语话语标记语界定为口语中出现的用于衔接语篇、传达语篇信息、引导话语理解的标记词、短语或小句。他们还将口语话语标记语分为逻辑连接标记语和填充标记语两大类，前者指以逻辑关系将口语语篇连接起来的连词或副词，后者是指不表达具体信息内容、用于填充停顿的标记语。口语中的话语标记语有助于表达的逻辑性和连贯性，具有保持话语流畅的交际功能，使听者更好地理解说话者的意图。因此，教师要培养学生在听后复述中注意学习各类

话语标记语，增加复述的连贯性和自然性。下面仍以前文提到的关于校服的优点与弊端的听力材料为例。

【案例 2-1-8】

关注话语标记语的信息结构图式听记信息和复述活动

教师让学生听第一遍，完成思维导图中内容信息的听记后，让学生听第二遍，重点听记表示语篇逻辑关系的话语标记语，例如，many good reasons、however、firstly、secondly、in addition、one reason、what's more 等，这些标记语表示总结、对比、列举等逻辑关系(见图 2-2)。

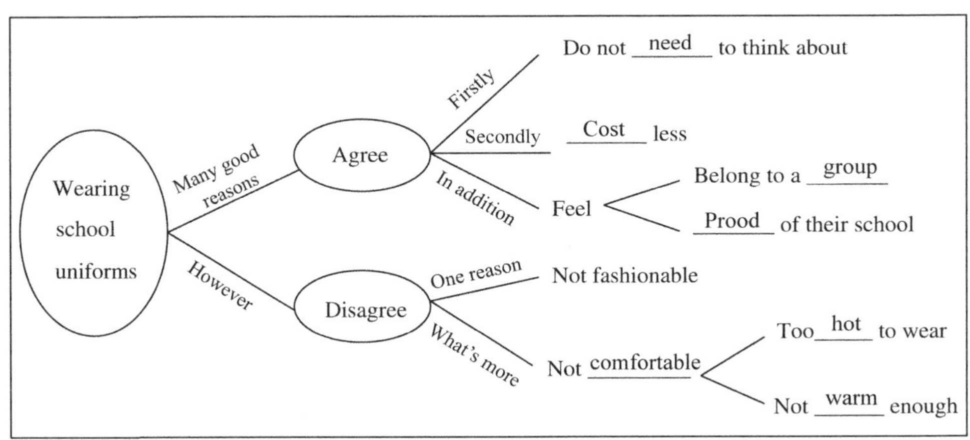

图 2-2　关注话语标记语的信息结构图式听记信息和复述活动

之后，教师要求学生根据记录进行复述，并在 PPT 上展示以下语篇结构：... there are good reasons for ... Firstly, ... Secondly, ... In addition, ... One reason ... , What's more, ... Anyway, I think ... ，提示学生复述时注意使用，极大地提高了学生复述的逻辑性和连贯性。因此，教师在让学生进行听后复述练习时，需要培养学生关注和学习使用语篇话语标记语的意识。

4. 培养词块运用意识，提高复述流利性

词块(有的研究中也称为语块)是指出现频率高、作为整体储存和使用的词语程式(Wray，2002)。预制语块可以提高口头交际的流利性、语言使用的正确性、交际的得体性(姚宝梁，2004)。卫乃兴(2004)指出二语学习者的口头交际中存在大量的预制词块，它们被按照不同的语用功能存储在一起，使用者可以根据交际语境的需要，整体提取使用，从而大大地减轻大脑的语言编码压力，达到正确性和流利性的统一。但实际情况是大部分学生即使能够听懂和理解听力材料中词块的意义，但在听记时由于记录速度、记录习惯的影响，很难记下原文中的词块。或者即使能够记下来一些，复述时如果缺少意识和训练，也很难正确运用相关词块。初中阶段作为英语学习的基础阶段，语言的积累很重要。教师要培养学生在复述中尽量使用听力原文中词块的意识和能力。根据课堂观察发现，教学中存在的一个问题是，有些教师能够认识到词块学习的重要性，但强调更多的是学生对词块的理解和记忆，对学生在口语或书面语中运用词块的引导不够。因此，教师要提高培养学生在听后复述中尽量运用听力原文中出现的词块的意识，帮助学生不断根据话题和语境积累词块。关于某一话题预制词块的积累有助于语言自动化的形成，减少口语表达时的犹豫和停顿，从而提高流利性。

听后复述作为一种听、理解、记忆和说的综合过程，既可以作为听后语言内化的方式，也可以作为听后产出的方式，有助于学生听说能力的发展。希望教师在培养学生听后复述能力时不流于形式，制订清晰可以操作的评价标准，加强复述策略指导，综合引导学生对语言形式、话题主题、话语标记语和词块的关注，从而不断提高复述的准确性、完整性、连贯性和流利性，真正促进英语口语交际能力的发展。

第二节　文化意识培养策略

一、文化意识培养的重要性

随着英语课程改革的深化，英语学科核心素养的概念渐渐为英语教育者所熟知。《新课标》将英语学科核心素养概括为语言能力、文化意识、思维品质和学习能力四个方面。其中，文化意识指对中外文化的理解和对优秀文化的认同，是学生在全球化背景下表现出的跨文化认知、态度和行为取向。英语学科核心素养强调从多元文化的角度对文化意识进行渗入式培养。通过知识获取、内涵比较、异同分析、精华吸纳等手段，学习者在自尊、自信、自强价值观的引领下，传播优秀传统文化，理解运用外来异域文化，顺利完成跨文化沟通。因此，文化意识培养目标可以概括为：获得文化知识；理解文化内涵；提升人文修养；培养跨文化能力；形成正确的价值观和良好品格。如何在英语学科教学中对学生进行文化意识方面核心素养的培养，成为我国英语教育者面临的一个新课题。

二、培养中学生文化意识的实践策略

基于实践探索，提出以下培养中学生文化意识的基本思路及操作方法：

(一)增强文化意识敏感度，分析与提炼语篇的文化品格培养价值

语篇是语言知识和文化知识的载体，深入研读语篇，对教师把握话题主题和挖掘语篇文化价值具有重要意义，是落实核心素养目标、创设合理学习活动的重要前提。在英语学习过程中，学生要学习大量的英语语篇，语篇中蕴含着大量的英语国家社会现象和文化背景知识。语言教学中的语篇有多种呈现形式，既包括口头的、书面的，也包括声音的和视频的。为培养学生文化意识，教师应增强文化意识敏感度，从深入剖析语篇的文化意识培养价值入手。在关注语言知识的同时，挖掘教学素材中的文化知识，将文化品格培养与知识的学习相结合。通过分析语篇的主题和内容、语篇的深层含义、语篇结构和修辞手段等，挖掘语篇所承载的文化和价值观等具有深刻内涵的内容，帮助学生丰富生活经历，体验不同情感，树立正确的人生观和价值观，塑造文化品格。

(二)增强学情分析准确性，深入客观地了解学生的文化素养基础

好的教学设计应该以全面、深入的学情分析为基础，才能真正促进学生的发展。有些教师在进行学情分析时存在表面化、主观性等问题。教师可以通过访谈、问卷、测试、学生作品等形式，充分、客观地了解学生的已有知识和需求，避免教师对学情的主观臆断。教师在充分了解学生对将要学习的文化主题已有知识及可能存在的问题的基础上，制订恰当的教学目标，设计合适的教学活动，最大限度地促进学生文化意识的发展。

1. 具有目标多元意识，制订恰当的文化知识学习目标

教师要有教学目标多元化意识，制订教学目标时不仅要关注语言知识和技能目标，还需要从文化知识获取、文化内涵理解、文化差异比较和优秀文化传播等维度设计文化意识发展目标。恰当的文化意识培养目标要以教材语篇的文化价值分析和准确的学情分析为依据。

2. 创造性使用教材，基于文化意识目标对教材内容进行恰当整合

有效的教学需要依据学生情况和教学目标，创造性地使用教材。李宝荣、李慧芳(2011)指出教师要有对教学内容进行价值分析的意识，即有意识地分析教材内容可以用来实现哪些目标，并依据学生实际水平及发展需求对这些内容进行取舍与整合。教师可以基于文化意识培养目标以及学生实际学习需求，对教材内容通过改编、删减等方式进行恰当整合，对教材的创造性使用

能够促进文化意识培养目标的落实。例如，教材内容中属于背景知识、词汇认知的，可以放在预习学案中让学生课前自主学习；教材活动选择使用要紧密结合本节课教学目标，与目标关联不大的活动可以省去；活动形式不恰当，不利于目标知识内化和运用的，可以进行改编等。

3. 结合实际教学需要，补充恰当的文化教学资源

除了整合教材内容外，教师应根据学习需要，补充恰当的教材以外的学习资源。学生发现英语课并不只是学习单词和语法，还能了解中国和世界文化时，学习兴趣会得到极大激发。要完成运用英语这一最具传播力的国际语言，让世界了解中国立场，听到中国主张的任务，我国的英语教学就一定要加强中国文化的输入与学习(文秋芳，2016)。因此，外语教学中的文化教学，不仅要教英语国家文化，同时也要学习如何用英语表达和传播我国的优秀传统文化。目前，关于外国文化的英语听说学习资源较多，关于中国文化的相对少些，教师可以根据实际教学需要，通过多媒体等手段补充恰当的中国文化学习资源，以便于帮助学生比较文化异同，培养尊重和包容文化多样性的意识。

4. 设置恰当的情境，促进文化知识的学习与应用

语言学习的目标是使学生能够使用所学语言进行思维和真实交际。真实情境的设置能够让学生产生了解文化内涵和表达所获得文化知识的意愿与需求。为了使文化知识的学习和运用更加自然和水到渠成，教师应注重学习情境的设置。恰当的情境有助于学生准确感知文化知识的使用，学习如何得体且恰当地与他人沟通与交流，传播优秀文化。

5. 了解文化意识内涵，设计有层次的文化意识培养学习活动

文化意识不仅指了解一些文化现象和情感态度与价值观，还包括评价语篇反映的文化传统和社会文化现象，解释语篇反映的文化传统和社会文化现象，比较和归纳语篇反映的文化，形成自己的文化立场与态度、文化认同感和文化鉴别能力，从这个角度来看，文化意识的内涵超越了以往所说的跨文化意识和跨文化交际力(程晓堂、赵思奇，2016)。由此可见，学生文化意识的塑造和文化能力的发展不是一蹴而就的，而是一个循序渐进，内化于心、外化于行的过程。

6. 开展有趣的课外文化活动，全面提高学生的文化意识

教师可以将课堂教学与课外学习进行有机结合，通过设计恰当的拓展性作业或开展有趣的课外文化活动提高学生的文化素养。例如，让学生在课后查阅相关文化资料，了解更多文化知识，并通过表演、演讲等形式对所学的

文化知识进行表达，落实跨文化沟通和传播优秀文化能力的培养目标。还可以在相应的中、外节日举办庆祝活动，让学生体验不同国家的文化习俗。

本节结合高中英语听说的一节课例，探讨在教学中，通过充分地分析和利用听力语篇承载的文化和育人价值，使文化知识的学习融入到语言学习的过程中，通过不同形式和层次的语言实践活动，以及师生、生生间共同探讨文化内涵，逐步将文化知识内化为个人的意识和品行，实现文化意识培养的实践策略。

三、课例介绍

授课内容为北师大版普通高中课程标准实验教科书必修模块一高一年级 Unit 3 Celebration Lesson 2 Parties。本单元的话题为 celebration，即不同民族文化习俗和传统节日的庆祝方式及礼仪。通过第一课时的学习，学生已经接触到了一些与中国节日及庆祝方式相关的词汇。本课是该单元的第二课时，是一节话题为 Parties 的听说课。本节课听力语篇主要的内容是一段电台访谈节目录音，介绍了参加英国聚会时的礼仪，功能句是利用情态动词谈论应该或不应该做某事。授课教师通过分析发现本节课的话题和听力语料内容非常适合培养学生的文化素养。基于教材和语篇分析，以及学情调查，授课教师制订了以下教学目标：

在本节课结束时，学生能够：

(1)通过阅读教师提供的课外阅读材料，听学教材上的听力语篇，以及教师补充的听力视频资源，获取中英两国聚会礼仪的基本信息；

(2)正确使用情态动词 don't have to、should、shouldn't、must 表达参加中英两国聚会礼仪的建议；

(3)在了解中英两国聚会礼仪基础上，比较中外聚会礼仪的差别，并思考造成这种差别的原因，进而尊重他国习俗，并传播中国优秀传统文化。

教师制订的教学目标既关注语言知识的学习、听力技能的发展、思维品质的培养，同时也将文化意识的培养作为重要教学目标之一。知识学习和听力技能的发展为文化意识的培养服务。教师将教学重点确定为发现并理解听力语篇中包含的关于英国聚会礼仪的文化元素，能够通过口头表达方式为外国友人介绍参加中国节日庆祝活动或聚会时的注意事项，进而关注和比较中外聚会习俗，尊重和包容文化的多样性。

四、教学过程

Step 1：围绕主题创设情境，激活文化背景知识

1. 播放歌曲“Happy Birthday”，询问学生什么场合能听到这首歌曲，引导学生联想其他相关聚会类型，自然引出授课主题：不同民族文化习俗和聚会礼仪。

2. 创设导入活动情境：中国学生张华要去英国游学，届时将应邀参加姊妹校组办的 welcome party，他不知道参加聚会时该注意什么，想请同学们帮忙给些建议。通过这个情境，引出下一步学习任务：关于英国聚会礼仪建议的听力语篇的学习。

【设计意图】

通过歌曲“Happy Birthday”很自然地引出主题，激活学生关于不同聚会类型的背景知识。此外，设置贴近学生生活的情境，激发学生英语表达的需求。学习该课内容时，学校正巧有英国交换生在本校学习交流，之后学校也将派中国学生去英国姊妹校交流，授课教师设计的学习情境非常自然贴切。

【评析】

授课教师非常重视学习情境的设置，整节课以任务链式的情境主线贯穿始终，使之能更好地为文化意识发展服务。在此之后，授课教师又设置了以下听中输入活动情境：张华回国，带回了英国交换生 Mark，他想要了解中国的聚会礼仪，引出关于中国聚会礼仪视频材料的学习。最后的听后输出活动情境设置为：学校电视台要录制 talk show 节目，拟邀请嘉宾，讨论中英两国聚会礼仪的异同。这些情境的设置真实自然，具有整体性。既贴近学生生活，又与本课学习内容紧密相关，将文化知识的学习蕴含其中，并有助于语言的真实交流。

Step 2：梳理语篇细节信息，获取新知，感知和学习文化知识

1. 学生听第一遍听力材料，判断语篇主旨大意，引导学生总结判断主旨大意的技巧。

2. 学生听第二遍听力材料，完成以下表格，填写情态动词及参加英国聚会时的建议等信息。

Aspects	Take notes about the details
what to wear	1. If it's very formal, you ________ dress smartly. 2. Nowadays you ________ ________ ________ be too formal.
when to arrive	3. You shouldn't ________ ________ to a dinner party.
what gifts to take	4. You should ________ something ________ you.
what not to do	5. You ________ ________ too much at parties. 6. And you shouldn't ________ ________ ________ home from a person you don't know.
others	7. ________ ________ ________ ________.

【设计意图】

通过听力语篇的学习，帮助学生输入关于参加英国聚会时应该注意的礼仪方面的文化知识。例如，如何着装，何时到达，带什么礼物，不得体的做法等。同时引导学生关注情态动词表建议功能句的用法，指导学生在完成听力任务时注意听力技巧的使用。教师在听力填空任务中采用了层层递进的设计方式，如表格所示，第1、2句，主要引导学生关注情态动词功能句的用法；第3、4句，引导学生关注表达具体建议的目标语；第5、6句，学生需要填出情态动词加目标语；第7句，学生需要填出一整句建议。

【评析】

在英语学习中，语言能力是学科核心素养的基础，是学生发展文化意识的依托，因此，对文化意识的培养需要贯穿于语言学习的每一个环节中。教师需要将文化能力的培养、语言知识的学习和技能的发展相融合，设计结构化和整合化的学习活动，帮助学生在感知、理解、内化、运用等多层次、有逻辑的学习活动中，学会分析、比较和评判不同的文化现象，提升个人的文化素养。本活动改编自教材中的 exercise 4，教材上的活动仅是听并填写情态动词，教师将其改编为这里所呈现的两个学习任务，听并判断语篇主旨大意，以及听并完成表格，使得听力学习更扎实有效。课后笔者对部分学生进行了访谈："你认为老师课上哪个环节最有助于你完成最后的 role play 输出活动"，很多学生提到了听力的输入学习活动。

Step 3：补充相关主题的中国文化视频资源，初步感知文化差异

1. 请学生观看一段关于参加中国婚礼和聚会时应注意的礼仪的视频。为了学习资源与主题的契合性，文本和视频为授课教师自己编写和制作。学生观看视频并记录其中提到的在婚礼和聚会场合应该做和不应该做的事情。看

完视频后，同伴之间分享获得的信息。之后，教师提问，学生反馈，教师根据学生的反馈进行板书。以下是视频文本：

In China, parties are a very common way to honor guests, communicate, and deepen friendships, so it is important to know the etiquette at parties.

For a Chinese party, guests don't have to dress too formally, but should dress smartly. Wearing a T-shirt and shorts is not proper.

It's important to arrive on time or a little early. However, coming more than 15 minutes early is not polite as well, for the host may not be well-prepared.

Traditionally, the most common gift is a "red packet" or hongbao. Guests should choose an even-numbered amount of money except 4, which is thought to be unlucky. A clock can never be a gift, as it sounds like "death" in Chinese.

On arrival, the guest should first introduce himself, and then take a seat arranged by the master. Handshakes are popular for greeting. Usually, guests should say some lucky words to congratulate the hosts, for example, Bai Nian Hao He at weddings, meaning "wish you a long happy life".

During the party, if there is a speech, people should stop eating or drinking to listen. In Chinese parties, there are a lot of dishes, and it is rude to leave before the last dish.

【设计意图】

通过视频资源为学生输入关于中国聚会礼仪的文化知识，为进一步引导学生比较中英两国聚会礼仪差异做好语言和思维方面的铺垫。授课教师在视频文本的编写上，注意应用本节课表示应该做和不应该做某事的情态动词功能句，以及与聚会礼仪相关的目标语。学生第一遍观看视频，只做记录，整体输入信息。在课后进行的学习收获问卷反馈中，学生普遍认为这个补充资源非常有助于他们了解中国聚会文化的特点以及学习其英语表达方式。

2. 学生第二遍观看视频，从两个难度不同的学习任务 Task A 和 Task B 中挑选完成其中一个。

Task A

<table>
<tr><th>Aspects</th><th colspan="2">Match the details</th></tr>
<tr><td>what to wear</td><td rowspan="6">You should

You shouldn't

You don't have to

You must</td><td>dress too formally.
dress smartly.
wear a T-shirt and shorts.</td></tr>
<tr><td>when to arrive</td><td>arrive on time or a little early.
come more than 15 minutes early.</td></tr>
<tr><td>what gifts to take</td><td>bring a hongbao with an even-numbered amount of money.
give money numbered 4 or a clock.</td></tr>
<tr><td>what to say</td><td>introduce yourself.
say some lucky words to congratulate the host.</td></tr>
<tr><td>what not to do</td><td>eat or drink when there is a speech.</td></tr>
<tr><td>when to leave</td><td>wait for the last dish before leaving.</td></tr>
</table>

Task B

Aspects	Take notes about the details
what to wear	You don't have to dress too formally. You should dress ________ . You shouldn't wear a ________ and ________ .
when to arrive	You should arrive ________ ________ or a little ________ . You shouldn't come more than ________ ________ ________ .
what gifts to take	You should ________ ____"________" with an even-numbered amount of money. You shouldn't give money numbered ________ or a ________ .
what to say	You should ________ ________ . You should ________ ________ ________ ________ to congratulate the host.
what not to do	You shouldn't ________ or ________ when there is a speech.
when to leave	You ________________________________ .

【设计意图】

通过再次观看视频，为学生输入关于中国聚会礼仪的细节信息。采用分层活动设计，Task A 为搭配情态动词和动词短语，难度稍小；Task B 为信息填空，难度稍大。为学生提供完成任务的选择权，降低学生听力学习的焦虑感，帮助不同层次学生达到学习和提高的目的。

【评析】

本节课教材内容是关于英国聚会习俗的，授课教师补充了相应的中国聚会习俗的学习内容。教师通过查阅大量相关主题材料，编写出关于参加中国婚礼和聚会时应注意礼仪的文本，请外教帮忙配音，配以相应图片，作为听力输入材料，以视频方式播放给学生观看学习，进行中国聚会文化的补充和渗透。课后笔者随机访谈了部分学生，问到"你最喜欢今天课上哪一个环节?"，多数学生都提到了补充的这部分关于中国文化介绍的视频。

Step 4：概括整合信息，分析文化差异，深入了解不同文化的内涵

1. 学生分别阅读关于英语聚会礼仪和中国聚会礼仪的听力文本，画出文本中关于给建议的功能句及在聚会场合举止得体的具体建议。

2. 在整合和内化信息的基础上，比较中英两国在聚会礼仪文化方面的异同，并通过后续 Step 5 的活动进行完善。

Culture Comparison （文化比较）

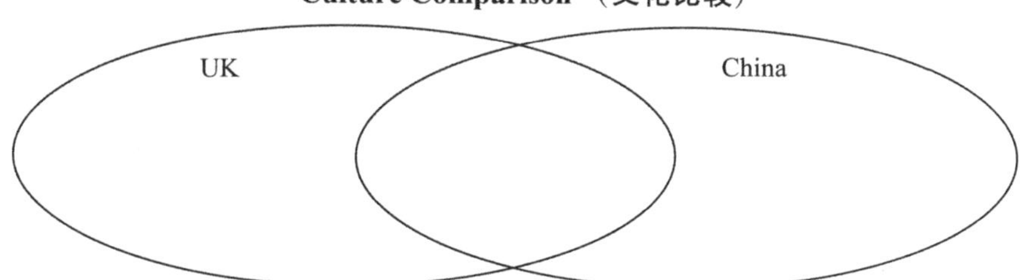

【设计意图】

通过阅读听力语篇文本，进一步内化和巩固重点语言知识，避免仅通过听力方式输入，遗漏语言信息，为后面的输出活动做好铺垫。通过上面韦恩图表形式，帮助学生更直观地认识到中英两国聚会礼仪文化之间的异同。课后在对学生的学习效果访谈中，很多学生表示非常喜欢这种文化差异比较的学习活动。

【评析】

文化意识某种程度上是指对中外文化的理解和对优秀文化的认同，文化异同比较是实现中外文化融合，正确对待文化差异的重要步骤。通过文化差异分析，能够帮助学生更好地了解不同国家和民族在行为举止和待人接物等方面的异同，有助于得体地处理差异，实现有效沟通。

Step 5：实践与内化文化知识，在情境中运用，初步形成文化素养

学生进行四人小组活动，为学校电视台录制 talk show 节目，讨论参加中英两国聚会分别应该注意的礼仪。学生根据活动任务提示卡上的内容进行准备，四人中 A 担任节目主持人，B 是英国留学生，C 和 D 是中国学生，节目内容是谈论中英聚会礼仪。准备好后进行小组展示和同伴评价。

【设计意图】

为学生创设恰当情境，进一步内化和应用本课所学内容。使学生能够在 talk show 情境下，与同伴合作，将本课中所学的英国聚会礼仪、中国聚会礼仪、两国文化差异、给建议的情态动词功能句等进行综合运用。通过语言实践活动，将新知转化为语言能力和素养。

【评析】

教师在教学中需要设计有逻辑、有层次的学习任务，促进学生不同层次的跨文化能力的发展，循序渐进地达成文化意识的培养目标。

Step 6：分析与评价，提升思维，吸取文化精华

教师设计了以下两个批判性思维问题，引导学生思考并回答：

1. Why do people have etiquette for parties and other occasions?

2. Why do you think there are differences between etiquette for Chinese and British parties?

【设计意图】

帮助学生认识聚会和庆祝活动存在的更深层次原因，以及礼仪的意义，引导学生关注文化差异，树立尊重和包容多元文化的意识，探究文化内涵，汲取文化精华。

【评析】

虽然文化意识的某些方面显得抽象和宽泛，但文化是可教授的，教授的重心在于通过学习者对获取的信息加以思考，为不同的文化信念寻找合理性解释，从而增补、丰富自己的知识信念系统(程晓堂、赵思奇，2016)。因此，关于文化的评判性问题能够促进学生深入思考，培养思维能力，促进文化精华的汲取。

Step 7：迁移与创新，建构跨文化和传播中华优秀文化的能力

教师布置作业：Write to your pen pal in the USA about the party etiquette in China.

【设计意图】

通过恰当的作业或课外学习，引导学生用所学知识表达个人情感和观点，

帮助学生将所获得的知识和能力迁移到课外真实生活情境中，实现传播中华优秀文化和跨文化沟通的目标。

【评析】

为了更好地扩展学生文化知识的积淀和文化意识的提升，教师可以有规划地开展各类有益于培养学生兴趣和文化能力的课外活动。丰富多彩的外语文化活动有助于学生更积极、更广泛地了解不同国家的价值观和文化习俗。

课后教师做了一份问卷调查，关于本节课最大的收获，学生们写道："通过本节课的学习了解了文化常识，对中国和英国 party 的特色有了更多了解，知道了中西方聚会文化差异等。"从反馈可以看出，本节课在培养学生文化意识方面收到了很好的教学效果，验证了以上实践策略的有效性。

第三节　思维品质培养策略

一、思维品质培养的重要性

思维品质是智力活动中智力特点在个体身上的表现，其实质是人的思维的个性特征，主要包括深刻性、灵活性、独创性、批判性、敏捷性五个方面，体现了每个个体思维水平、智力与能力的差异(林崇德，2006)。《新课标》结合已有研究及英语学科特点，提出思维品质是思维在逻辑性、评判性、创新性等方面所表现的能力和水平，体现英语学科核心素养的心智特征，并提出英语学科思维品质的培养目标是学生能辨析语言和文化中的具体现象；梳理、概括信息，建构新概念；分析、推断信息的逻辑关系；正确评判各种思想观点，创造性地表达自己的观点，初步具备用英语进行独立思考、创新思维的能力。《新课标》把思维品质列为学科素养之一，凸显了英语学科对智力发展的作用(刘道义，2018)。思维品质是构建学科能力的重要因素，培养思维品质是发展智能的突破口，是提高教学质量、减轻学生负担的最佳途径(林崇德，2006)。思维品质培养对个人成长起着重要作用，但一些教师对思维品质的内涵以及培养途径还存在很多困惑。一些学者对如何在英语教学中发展学生思维品质从不同角度进行了探究(刘道义，2018；陈则航等，2019)。笔者结合文献学习以及教学研究实践，探讨如何通过学习活动培养学生逻辑性、批判性、创新性三方面的思维品质，旨在引起更多教师进行实践研究的兴趣。

二、英语学科核心素养中思维品质的发展实践策略

英语学科核心素养中思维品质的发展，需要在英语的听、说、读、看、写等学习活动中落实。学习活动恰当与否，直接影响学生思维品质的培养。笔者结合教学实践的探索，提出在英语教学中培养学生思维品质的三种活动设计。

1. 通过结构化、概括性活动发展思维的逻辑性

逻辑关系包括因果、主次、整体与局部、现象与本质、具体与一般等，思维的逻辑性主要指人们在表述一件事情或论述一种观点的时候，前后是否相关联，段落之间是否顺序得当、表述是否条理清楚，是否能区分主与次、表象与实质，抓住问题的整体又不忽略主要细节等(Elder & Paul，2016)。从理论上说，概括是思维的首要特点，是思维品质的基础，从教学实践上说，学习和运用知识的过程是概括的过程，没有概括，学生就不可能掌握知识，难以形成概念和学科能力(林崇德，2009)。碎片化、零碎的信息处理不利于学生逻辑性思维的发展。教师可设计结构化学习活动，引导学生通过概括、分析和归纳等方法，形成语篇框架以及知识的整合，有助于学生思维逻辑性的发展。赵国庆等(2019)提出“思维训练三阶段”，即隐性思维显性化—显性思维策略化—高效思维自动化。隐性思维显性化是指通过思维工具将思维过程可视化。思维可视化工具能够通过适当的方式对学习内容进行结构化组织和呈现，有效降低由信息呈现方式引发的外在认知负荷，帮助学习者专注于建立内容之间的联系上(赵国庆等，2019)。《新课标》提出信息结构图的概念，我们常说的八大思维图示、思维导图、概念图等的内涵虽有不同，但都可以归入信息结构图。在不同的学习阶段依据学习活动的需要可以选用不同的思维可视化工具。在学习理解阶段借助思维可视化工具，有助于逻辑性思维的发展。

下面笔者以一节初中英语阅读课为例，分析如何设计结构化、概括性活动，促进逻辑性思维的发展。

【案例 2-3-1】

逻辑性思维发展活动

本单元话题是“communication”，第 3 课是一节阅读课，题目为 The Texting Generation，是一篇说明文，共有 5 段，介绍了人们热衷发短信交流的现象及其快速发展的历史、发信息受欢迎的原因、带来的问题等。教师根据语篇内容及文体特征，设计了以下体现结构化、概括性的学习理解活动。

活动 1：快速阅读全文，获取文章段落大意，通过填写气泡图，明晰文章语篇整体框架，如图 2-3。

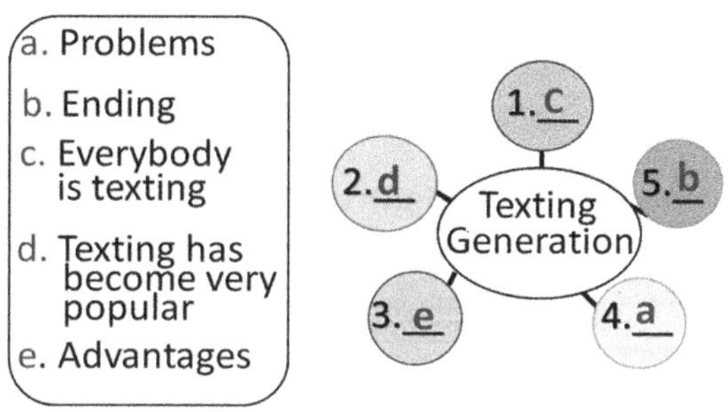

图 2-3 语篇框架气泡图

活动 2：分段细读文章，根据每段内容和写作特点，借助不同类型的信息结构图，梳理段落要点信息。之后教师提问问题，请学生根据信息结构图进行回答，帮助学生初步内化语言。然后请学生根据信息结构图进行复述，进一步实现语言的内化。

学生阅读第一段，完成如图 2-4 所示的气泡图。

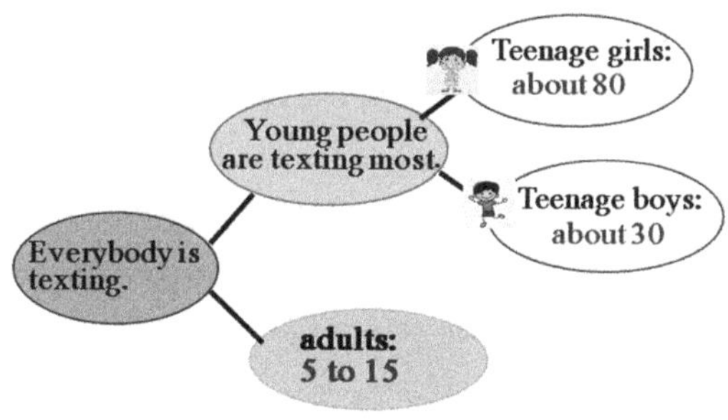

图 2-4 语段大意气泡图

然后通过教师提问，学生根据气泡图回答的互动方式，引导学生分析美国社会热用短信的现象，引导学生体会学习分类别、列数字、作比较、举例子的说明方法。

Q1：How many messages did an American teenage boy send and receive a day in 2010?

Q2：How many messages did an American teenage girl send and receive a day?

Q3：How many messages did an adult send a day?

Q4：How many messages do you send and receive a day?

活动 3：学生阅读第二段内容，完成如图 2-5 所示的时间轴结构图。

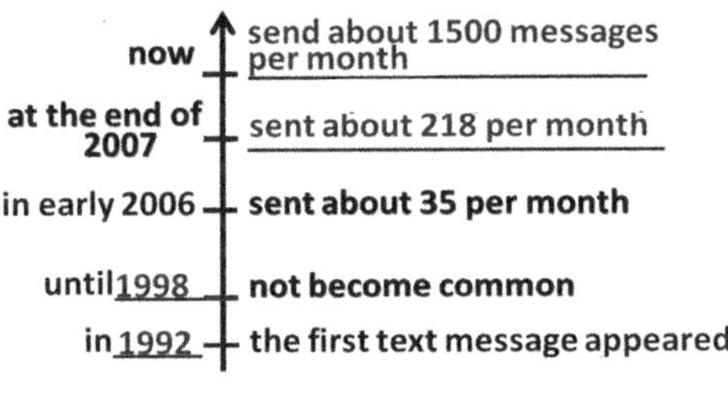

图 2-5 时间轴结构图

教师通过提问以下问题，引导学生根据信息结构图进行回答，分析发信息交流方式快速增长的现象。

Q1：When did the first text message appear?

Q2：When did the text messages become popular?

Q3：How many messages did people send at the end of 2007?

Q4：How many messages did people send now?

【评析】

在这三个学习活动中，教师通过填写不同信息结构图的方式，帮助学生形成结构化认知。例如，活动 1，通常很多教师仅限于让学生在阅读文章细节基础上，概括每段大意。而该授课教师以结构图方式，将文章主题 texting generation 列在结构图中央，让学生将每段大意以匹配排序的形式填入结构图中。使学生不仅需要归纳段落大意，还能够分析段落层次，掌握文章脉络，形成关于整个语篇的框架结构。活动 2 和 3 中，教师根据每段内容主线，分别采用气泡图和时间轴的形式提醒学生，既有助于学生提炼每段重点内容和中心思想，又能够梳理主要细节信息。例如，第一段的气泡图层层推进，从青少年和成年人两个维度揭示了人人都发短信的事实，有助于学生发展层级间的逻辑性。时间轴清晰展示了发信息现象的发展进程。信息结构图有助于学生形成整体性、结构化的知识，形成逻辑性的理解。而后学生根据结构图进行复述，有助于学生的逻辑性表达，避免表达时杂乱无章，缺乏连贯性。

逻辑性主要表现为善于开展系统的理解活动，概括事物的发展进程及各部分之间的关系等。推理、概括是发展思维逻辑性的重要方式。教师不仅可以在阅读教学中设计结构化的学习活动，在听力教学中也可以设计填写或画信息结构图的学习活动。信息结构图的使用要根据学习需要，不能为了画而画，并且要遵循学生的认知起点。教师可以采取以下三个阶段：教师设计信息结构图填写活动—师生共画信息结构图—学生自主画信息结构图，逐步培养学生根据所读、所听内容，自主建构结构图示，并与提问、复述等方式相结合，帮助学生养成将知识结构化、整体化的意识和习惯，形成结构化的理解和表达，提升思维的逻辑性。

2. 通过关联性、反思性活动，发展思维的批判性

批判性思维强调个人通过分析、解释、反思、评价、推理对接触到的知识信息的性质、价值及真实性、精确性进行理性的消化，乃至深化创新(陆思逸、麦克·辛，2017)。Moore (2011)细化了批判性思维的七个关键要素，包括：判断、质疑、直白原创、敏感解读、理性、积极与知识互动以及自我省悟。批判性是思维活动中独立分析和评判的性质，其实质是思维过程中自我意识作用的结果，比如反思、自我监控、元认知等(林崇德，2006)。自我认知观点的表达、反思与评判是其重要方面。因此，能够联系学生已有经验，促使学生结合新旧知识，使学生有话想说，有话可说，能够充分表达自我观点，激发学生个性化表达，这样的活动有助于发展批判性思维。关联性在此有两层含义，一是指与学生已有经验和知识的关联，能够激活和运用旧知；二是指前后学习活动间的衔接，形成活动链，即以先前的输入性学习为基础，促成学习者评判性表达。

下面以一节主题为“学校规则”的初中英语听说教学为例，分析如何设计具有关联性，能够联系学生自我实际以及前后知识的学习活动，促进批判性思维的发展。

【案例 2-3-2】

批判性思维发展活动

本课中，教师请学生学习了教材上关于考试规则的听力语篇，并补充了一个关于校服的听力语篇，在听力理解的基础上引导学生谈论了有关穿校服的校规，经过分析讨论，学生得出的观点是：学生应该穿校服，但校方也需要提升校服质量，使其舒适、美观。然后教师由校服校规拓展到对其他校规

的看法，提出是否应允许学生在学校使用手机的讨论问题：Should students be allowed to use cellphones at school? 学生结合本节课所学内容，充分发表各自观点。认为不应该使用手机的同学的观点是：If we students are allowed to use the cellphones, some of us may be distracted by the cellphones or indulge in mobile games and can't concentrate on the school work. Also the unexpected rings in the middle of a lesson will disturb the class. 认为可以使用手机的同学认为：Cellphones have many advantages. For example, we can use cellphones to look for information in order to broaden our horizons. 通过分析讨论，学生们最后得出结论：Whether we should be allowed to use cellphones or not depends on how we use them. Hope everyone can use the cellphones in the proper way.

【评析】

以上案例显示，评判性学习活动需要与学生的已有认知和知识产生关联，例如，本案例中初中生对手机有很多接触，也有些学生偶尔会违反学校关于手机使用的规定。学生的评判性思维发展点在于如何正确看待学校对于手机使用的规定，以及如何用恰当的语言表达自己的观点。教师在学生学习了关于考试和校服两个听力理解语篇后，引入了学生关注的手机话题的讨论，展示了前后学习活动的关联。学生已经对如何表达对规则的看法，如何从正、反两方面看待事物等有了一定的新知积累，从学习理解到实践应用，为发表个性化观点奠定了语言和语篇的框架基础。此外，反思性活动对评判性思维发展也起着重要作用。这里的反思不是指对学到的知识的反思，而是对思维过程的反思。例如，反思自己对这个问题最初是如何想的，最后得出的结论是怎样的，为什么得出这样的结论，对自己以后思考问题有什么启发等。这样的反思讨论有助于批判性思维的培养。

3. 通过情境化、迁移性活动，发展思维的创新性

创新性是指思维活动的独创性或创造性，其实质在于个体对知识经验或思维材料高度概括后，集中而系统地迁移，进行新颖的组合分析，找出新异的层次和交结点（林崇德，2006）。因此，用新的方式解决问题，表达对问题的不同看法，或在新情境中运用所学知识进行迁移，有助于发展创造性思维。仍以前文提到的“学校规则”的初中听说教学为例。

【案例 2-3-3】

创新性思维发展活动

在学习理解和应用实践性活动之后，教师设计了最后的产出性活动：If

you were the headmaster, talk about one school rule you want to make for students or teachers.

1. Explain what the rule is.

2. List 2-4 reasons to explain why the rule is necessary.

3. Remember to use the structures "be (not) allowed to do" and "should (not) be allowed to do" to express your opinions about the rule.

学生进行小组讨论，先在小组内分享交流，之后请学生代表进行口头汇报展示，同伴进行互评。之后，教师布置课后作业，就以上话题写一篇作文。从学生的口语及写作输出能够评价学生的思维品质水平。例如，有学生在写作中没有从想制订的学生规则去写，而是写了想对教师提的一些要求和规则，如"教师不应该以任何借口拖堂，因为这样会缩短学生的休息时间和为下堂课做准备的时间""教师不应该对学生说粗鲁的话，会打击学生的自信心"等。

【评析】

创新性思维是多种思维方式平衡发展、综合作用的结果。教师可以通过创设恰当的活动情境和任务，促进学生知识的迁移运用，并为学生的思维提供开放的空间。培养创新性思维，教师要敢于放手，学习活动的设计和评价方式要开放，给学生提供民主、宽松的学习空间和氛围。

三、学生思维品质培养应注意的问题

我们就如何在外语教学中培养逻辑性、批判性、创新性思维品质分别进行了讨论。但是，在具体教学中，这三者密不可分，常常联系在一起，培养方式也多有重合，例如，分析、综合、比较、抽象、概括等是多种思维发展都用得到的方式。英语课堂教学中的很多活动都能够促进学生思维能力的发展，教学的关键在于将思维品质培养作为教学的目标。对学生进行思维品质培养应注意以下方面：

(一)目标具有多维性，体现思维品质培养

《新课标》提出英语课程目标由综合语言运用能力转向英语学科核心素养培养。教学的主要目的是在传播知识的同时，灵活地促进与培养学生思维的发展(林崇德，2006)。因此，课程改革需要超越对学科知识简单的认知性掌握，教师应转变教学理念，重设教育目标，将思维品质培养作为关键目标之一，并寻找思维品质培养与学科教学培养目标之间的结合点。

(二)教学方法和教学活动适于思维品质培养

以教师为主体，教师讲、学生被动听的教学方式中，师生缺少互动，学

生缺少对知识的建构和思维的积极、主动参与。这种教学模式造成学生只能获取浅层信息，无法实现深度学习，不利于思维品质发展。深度学习倡导教师在教学过程中起到引领和支架作用，学生以个体、小组合作等方式积极参与，发挥主体作用。学习活动要体现整体性、关联性、探究性，学生通过理解、观察、比较、分析、推断、归纳、评价等方式，系统发展思维品质。

（三）教师提升自身思维品质，进行教学创新

思维品质培养对教师提出较大挑战，教师应转变理念，不断提高自身的思维品质，提升创新教学能力，给学生提供思维发展的空间，从而促进学生思维品质的提升。

第四节　学习能力培养策略

一、学习能力培养的重要性

学习能力构成英语学科核心素养的发展条件。学习能力指学生积极运用和主动调适英语学习策略、拓宽英语学习渠道、努力提升英语学习效率的意识和能力，学习能力的培养对学生的英语学习起着重要作用，有助于学生做好英语学习的自我管理，养成良好的学习习惯，多渠道获取学习资源，自主、高效地开展学习。《新课标》提出以下学习能力培养目标：“树立正确的英语学习观，保持对英语学习的兴趣，具有明确的学习目标，能够多渠道获取英语学习资源，有效规划学习时间和学习任务，选择恰当的策略与方法，监控、评价、反思和调整自己的学习内容和进程，逐步提高使用英语学习其他学科知识的意识和能力。”在教学中，教师可以从以下方面培养学生的学习能力：指导学生学会规划学习，发展学生运用学习策略的能力，培养学生的反思能力，以及利用多种资源开展自主学习的能力等。本节以反思能力培养为例，探讨发展学生英语学习能力的实践策略。

二、反思能力培养策略

反思能力是一项重要的学习能力，它极大地影响着学生的学习效率。有研究表明，反思对学生学习效率的提高、自学能力的形成、学习策略的迁移具有十分重要的作用。通过反思能够提高学习者自我认识、自我评价、自我对待以及自我改造和发展的能力（陈佑清，2010）。由此可见反思能力对于促进学习发展的重要性。反思能力是指学生通过对学习目标、学习内容、学习过程以及学习效果等学习行为，进行持续、深入的思考，以全面、正确认识自身学习方面的优势与不足，诊断自己英语学习中存在的问题，并不断通过有意识地努力，优化学习策略，提升学习效率，形成自主学习的能力。

(一)学生反思能力培养现状及存在的问题

培养学生的反思能力非常重要，然而，当前的实际情况是学生的反思能力普遍较差，这主要是由教师和学生两方面的原因造成的。教师方面：第一，缺少培养学生反思能力的意识，在教学中更注重知识的讲解与传授，忽视了对学生反思能力的培养；第二，有些教师虽有这个意识，但不知道具体该如何培养学生的反思能力。学生方面：第一，因为缺少相关指导，学生没有反思的意识或缺少反思的方法，不知道该如何反思，导致很多学生甚至到了大学也没有找到适合自己的英语学习方法；第二，有学生反映，由于平时忙于课业学习，加上老师没有对此做过硬性要求，根本没有时间和精力进行反思。因此，培养学生反思能力的现状不容乐观。

(二)培养学生反思能力的策略

培养学生反思能力的形式有很多，实践证明，在英语日常教学中通过指导学生撰写反思日志是培养中学生反思能力的有效途径。反思是一种内隐的思维活动，通过反思日志可以将反思过程外显化。笔者和研究团队在教学实践中尝试通过以下策略培养学生的反思能力：通过教师指导反思日志的撰写，帮助学生初步形成反思意识和能力；通过同伴分享阅读反思日志，合作反思，提高反思水平；通过自主撰写反思日志，养成反思习惯；通过实践应用，撰写不同学习活动的反思日志，内化形成反思能力。研究发现，通过反思日志培养学生反思能力，可以帮助学生树立正确的英语学习观，激发学生的学习兴趣和自信心，优化学习策略的运用，从而促进学生英语学习能力的发展。同时，阅读学生撰写的反思日志，有助于教师反思和改进自己的教学。

1. 教师指导撰写反思日志，初步形成反思意识与能力

首先，教师要认识到反思能力对于学生学习的重要性，树立起培养学生反思能力的意识。教师在最初指导学生撰写反思日志时，可以利用问题或调查表等形式，根据不同的学习活动，提出相应的问题，为学生提供反思的框架，请学生围绕教师给出的问题撰写反思，为学生的反思提供辅助，引导学生进行自我反思。逐步培养起学生以典型学习活动作为反思对象的意识。在教师的引导下，通过对学习活动的全面回想和深入思考，发现自身学习存在的问题、分析问题产生的原因、探求解决问题的对策，慢慢形成反思意识，掌握有效的反思方法和策略，初步形成反思能力。

【实践做法】

授课教师要求初二年级学生进行话题演讲活动，在这次活动后第一次要求学生撰写反思日志。教师给出以下问题框架作为学生反思的提示：

(1)你是如何准备此次话题演讲的？查了哪些相关资料？

(2)在准备的过程中你遇到了什么困难？是如何解决的？是否还遗留了待解决的问题？

(3)你认为此次演讲你的优点是什么？

(4)此次演讲你有没有需要改进的地方？如果有，是什么？

(5)你从同伴的演讲中得到什么启发？

(6)关于做好以后的演讲，你有什么好的建议和想法？

因为反思提纲列出了具体的反思内容，所以学生撰写的反思日志内容贴切具体，以下是一位学生撰写的反思日志：

“老师留下任务后，我马上就想到要讲什么，我要讲乐队，于是我就上网搜集资料，把网络上的大篇幅的文字进行概括和提炼，并稍加整理，我搜集了乐队的成员、建队时间和获得的奖项，还找了一些图片放在 PPT 上。我反复听我要放的歌‘Fairy Tale’，并把自己融入其中，深刻体会。此次演讲我的优点是我做了 PPT，声图并重，还提取出一些关键词，这样全文的逻辑就很清晰地呈现出来了。做这些工作时，最困难的就是中译英了，因为想的时候很容易，真正做的时候很麻烦，知道中文不会英文，或者会英文却不会恰当应用，所以学会一些常用词的用法很重要。而我的‘忧’点，就是一上台就紧张。这个问题很严重。上次讲 animal 话题时还好，但这次在第一个同学讲之前我就紧张得不得了，因此在讲的时候会手忙脚乱、忘词。不知道为什么自己有的时候能很轻松自如，有时候却很紧张。跟同伴学到的就是有些同学从容不迫，非常镇定。还有，有些同学是真正在演讲，这样应该对提升口语水平有更大的帮助，而不是像我一样在背演讲稿。”

【评析】

这位学生根据反思提纲，清晰地记录了自己演讲活动的过程，内容包括从准备到正式演讲，从自己的优势、不足到同伴演讲给予自己的启示，以及如何做好下次演讲活动的方法。通过阅读学生的反思日志，教师也明确了应该在哪些方面给予该生帮助与指导，提高演讲活动的实效。因此，教师在最初培养学生的反思能力时，可以明确提出在什么学习活动后学生需要进行反思，并根据不同教学活动主题，为学生列出反思提纲，降低反思难度，激发学生撰写反思日志的兴趣，帮助学生初步形成反思意识和能力。帮助学生明白可以对整个学习认知活动进行反思，包括学习目标、学习内容、学习策略、学习过程和学习结果等方面，也可以反思制约自身学习活动的因素，并以此制订下一步的学习目标、计划和任务，这是培养学生反思能力的基础和前提。

2. 同伴分享阅读反思日志，合作反思，提高反思水平

学生反思能力的培养需要一个渐进的过程，在这个过程中，教师需要认真阅读学生撰写的反思日志，并给予个别指导，对提高学生的反思能力非常有帮助。另外一个有效提高学生反思能力的做法是同伴间互相分享反思日志，互相学习如何进行反思。借助与同伴的交流，学习者可以将自己的反思过程和结论呈现出来，从他人的反馈或评价中，修正、补充反思结论，以达到更全面地反思的目的。还可以为同伴的反思提出建议，帮助同伴完善提高，进而不断提高双方的反思能力。

【实践做法】

授课教师在学生对前文提到的话题演讲活动进行自我反思的基础上，组织全班同学以小组形式互相分享阅读反思日志，总结出本组认为的此次演讲存在的主要问题、改进的对策，以及制订出合理的演讲评价标准。然后每个小组推荐一名同学在全班进行陈述，最终形成全班的意见。以下是某班学生分享交流后的成果：

(1)存在的主要问题：

①有些同学的 PPT 内容太少，只有封面和几张图，看上去太单薄；有些文字又太多，演讲几乎是照着读的；

②有些同学的演讲太短，没有拓展和互动；

③很多人到台上后像是在背书，演讲时显得很生硬，像是照本宣科，还有些根本没脱稿；

④有些同学语速太快了，甚至听不清他在说什么，显得急迫而且紧张；

⑤缺乏演讲该有的感染力，眼睛始终盯在 PPT 上，不面对观众。

(2)提出的主要对策：

①PPT 图片应恰到好处，文字字号较大且清晰美观；

②选材应较新颖，选择大家感兴趣的话题。演讲内容应主次分明，介绍清晰，准备充分，时间可以控制在三到五分钟；

③不一定要完全脱稿，但不可以将所有内容附在 PPT 上照着读，不要像背诵课文一样演讲；

④声音洪亮，口齿清晰，不排斥口语表达，运用适当难词，但尽量不要有语法错误。演讲时发音要正确，对难词可以在 PPT 中附上中文释义；

⑤台风优良，小动作不要太多，不要下意识穿插无用中文。建议大家看一看 TED 演讲视频，并将所看的 TED 演讲视频分享到班级微信群。

(3)建议评价标准：

①台风自然(面向同学，互动，肢体语言)：2 分；

②声音洪亮，语速不要太快：2 分；

③语音语调自然，表达清晰：2 分；

④材料内容恰当，准备充分：2 分；

⑤与台下互动，气氛活跃：1 分；

⑥PPT 排版以及背景文字布局清楚：1 分。

教师成立的演讲评委团在大家这次反思分享交流的基础上，形成了本班此后演讲活动的评价标准：

演讲形象 (2 分)	声音洪亮 (2 分)	语音语调 (2 分)	内容 (2 分)	互动 (1 分)	PPT (1 分)	总计 (10 分)

【评析】

通过同伴间分享阅读反思日志，一方面学生可以将自我的反思结论与同伴的进行对比，或与他人进行交流讨论，以得出超越自身经验局限的更合理的反思结论。另一方面，在彼此学习交流同伴反思的基础上，发现自己在学习活动中存在的问题、分析问题产生的原因、探求解决问题的对策，真正达到提高学习效率的目的。教师注重学生间分享反思的方法与策略，可以引导学生明白反思的重点不仅是对学习活动的描述，而是在于通过对自我或同伴的学习活动进行观察、分析、评价，实现总结自我学习上的进步，评价自己学习策略的有效性，发现不足之处，并针对学习中的问题思考相应的解决办法。同伴间的分享交流能够很好地激发学生学会主动反思，提高反思水平。

3. 学生自主撰写反思日志，逐步养成反思习惯

在教师最初给予反思框架，进行细致指导，以及定期让学生进行同伴间分享交流的基础上，随着学生反思意识和水平的提高、反思能力的发展，教师可以逐步放手，不再提供撰写框架，仅提示何时需要反思，帮助学生形成反思习惯，自主撰写反思日志。

【实践做法】

教师要求学生在后续实施的话题演讲活动后继续撰写反思日志。以下是一位学生在第三次演讲后写的反思日志：

“今天的演讲，收获真的很多。首先，这一次在台上没有之前那么紧张，

……最主要的是词背得更熟了……当然，相比同学们的演讲，我发现自己还有极大的提升空间，从一些同学的身上找到了可以汲取的闪光点。像朱××……你会发现他的语言所描述的内容很丰富；观察他的形象，则觉得他在台上虽然显示出他内心的紧张，不过他会用手势来掩饰，忘词时，他会用'you know''well'等过渡词，这不能不说是个巧妙的方法……还有我的同桌武××，她讲的是《亡羊补牢》，故事中心定得很好，她还有一点比较好的就是上网找的图片和内容比较相符，这样即便忘词也会给自己一个提示，使周围的气氛变得平和。最值得我学习的是她的稿背得很熟，几乎没有不必要的停顿和结巴。我一定要抓住他们的亮点，并把它们消化在脑海中，希望下一次我的演讲可以在内容上更加丰富，而且语言要通俗易懂，不要将场面搞得那么尴尬，衷心期待下一次演讲有更多的收获。"

【评析】

在学生掌握了基本的反思方法后，教师可以为学生创设反思条件，让学生愿意主动撰写反思。例如，教师可以充分利用各种激励手段调动学生反思的积极性，如开展我的反思集展评活动等，也可以适当减少机械性练习作业，把反思作为一项作业要求学生必须完成，或者将总结反思作为教学设计的一个环节，在课上留出三五分钟时间，为学生提供进行反思的时间的保证(姚军祥，2013)。这样能够帮助学生提供反思机会，形成自主反思意识，养成反思习惯。

4. 实践应用，撰写不同学习活动的反思日志，内化形成反思能力

教师引导学生主动反思，要注重激发学生内在的反思原动力，引导学生明确不是为反思而反思，也不是应教师的要求而反思，而是为了自身的发展必须学会反思(桑志军，2012)。教师需要培养学生洞悉自身学习特点的能力，了解制约自身学习活动的各种因素，并以此制订学习的目标、计划和任务，安排学习时间，监控好自身的学习过程及其学习结果，尤其是了解学习过程中所运用的不同学习策略所产生的效果。

【实践做法】

经过一段时间的指导和练习，学生开始有意识地主动撰写关于不同学习活动的反思。以下是一些反思案例。

一位学生在一次听力测试结束后撰写的反思日志：

"这次的听力测试我总结出了一些做题技巧，或者说是确认了我以前总结的一些方法是可行的。以前我总在听力最后一题的填空题丢分，通常是因为一些小细节没听清造成的。这次听力我做得不错，原因应该是以下几点：

(1)提前浏览一遍题目内容，看图想单词，看对话、表格猜内容；(2)集中注意力，听时抓住关键词；(3)最后做填表题听清单复数、形态，根据已给的信息判断大小写、词性等。其中我认为最重要的是集中注意力，并细心一点，只要能做到这两点应该在做听力方面不会有太大问题。”

一位学生在教唱英语歌活动后撰写的反思日志：

“在这次活动中，通过观察同学们的展示，我发现了别人的优点和我们的不足。第一组对歌曲‘Owl City’进行挖空填词的做法非常好，让我们对这些生词进行学习，增加了词汇量，拓宽了我的知识面，更重要的是锻炼了我们的听力，让我的语感也更好。相比较而言，我们选的歌不太好，有一些压抑，挖去的空也不太好。因此，以后教唱一首歌时，要简单介绍一下歌手的背景，要做 PPT，所选的歌曲要积极向上，有些单词需要介绍一下，挖空的歌词应该是简单一点的和有挑战的相结合，可以在歌词句尾挖空(韵脚)。”

【评析】

Pavlovich(2007)在研究中探索了对反思日志的设计和评估，她的研究从四个方面对反思进行了评估：描述经历、分析经历、产生新的意义和理解、为改变而行动。依据她的评估方法对学生自主撰写的反思日志进行分析，可以看出学生的反思层次和能力的发展。学生的反思内容不仅仅是简单的事实描述，而且内容丰富，包括“我做了什么？我是怎么做的？我为什么这样做？我这样做带来了怎样的结果？我今后会如果去做？”。学生已经发展到有意识地进行反思，体现了反思能力的形成。

三、学习能力培养建议

上述以反思能力培养为例，力图为教师在学习能力培养方面提供些启发。基于实践探索，现就培养中学生英语学习能力提出以下三点建议。

(一)教师要有培养学生学习能力的意识

每个学科都承担着培养学生学习能力的义务和责任。要想培养学生的学习能力，教师首先要有这方面的意识。依据课改新理念，将学习能力培养与学科教学相融合，不断摸索新的教学方法，帮助学生真正成为具有高效学习效率、有效学习策略和自主学习能力的学习者。

(二)学习能力培养需要遵循一定的策略

学习能力的形成不是自发的，需要教师的精心指导和培养。教师在培养学生学习能力的过程中需要遵循一定的策略。如培养学生的反思能力可以采用反思日志、同伴观察、合作交流、自我评估等。教师需要设计精细化的学习活动，隐性培养与显性指导相结合，潜移默化，逐步培养学生的学习能力。

(三)从学生全面发展的角度培养其学习能力

教师要从语言学习规律的视角，从英语学习的态度和动机、习惯与策略、自我监控和管理等方面，关注学生学习能力的培养。使学生爱学英语、会学英语和学好英语，增强学生的英语学习动力和自主学习能力。促进学生英语语言能力、文化意识和思维品质的全面发展，以及使用英语学习其他学科知识能力的发展。

第三章　核心素养背景下的英语教学实践策略

教学的复杂性决定了教学不是简单选择几种教学方法就能奏效的，需要对更上位的教学策略进行研究。教学观念和理念对教学策略的选择和使用起着重要的影响作用。教学策略可以分为通用策略或按课型划分的教学策略。怎样的教学策略能够有效促进学生核心素养的发展？指向核心素养发展的不同课型可以使用怎样的教学策略？作为课堂延续的作业设计如何体现核心素养培养？本章将结合案例分析，介绍在课堂实践研究导向基础上形成的，由理论、经验和实验性知识构成的教学策略。重点介绍通用的课堂言语互动策略以及听说、阅读、写作、复习、综合实践等主要课型教学实践策略和课后作业设计策略。

第一节　课堂言语互动策略

一、核心素养背景下的教学策略

教学策略是一个上位的概念，指在特定教学任务中，为了提高教学时效性，在某种教学观念、理念和原则的指导下，根据教学条件的特点，对教学任务诸要素进行的系统规划以及根据谋划在执行过程中所采取的措施（王笃勤，2010）。教学观念和理念对教学策略的选择和使用起着重要影响作用。《新课标》提出以下五点基本理念：发展英语学科核心素养，落实立德树人根本任务；构建高中英语共同基础，满足学生个体发展需求；实践英语学习活动观，着力提高学生学用能力；完善英语课程评价体系，促进核心素养有效形成；重视现代信息技术应用，丰富英语课程学习资源。基于以上基本理念，教师需要思考哪些教学策略能有效促进学生核心素养的发展，不仅提高学生的学业成绩，还应培养学生的关键能力、必备品格和正确的价值观。

Kumaravadivelu（2013）认为需要超越并克服基于方法的教育带来的局限性，提出“后方法教育”，包括“特殊性”“实践性”“可能性”三个特征，并提出语言教学的十条宏观策略，包括最大化学习机会、最小化感知失配、促进协商互动、提升学习者自主性、培养语言意识、激活直觉启发、语境化语言输入、整合语言技能、确保社会关联、增进文化意识。这十条语言教学宏观策略框架的基本观点主要来自以课堂导向研究为基础的理论、经验和实验性知识，对我国核心素养背景下的英语教学也很有启发。他指出宏观策略框架由宏观策略和微观策略两部分组成，宏观策略是指导性原则，是宽泛的指导纲领，基于宏观策略，教师便能根据特殊情境和需求自我创建微观策略或课堂技巧，体现出在教学实践中的可操作性。

新课程理念下的教学反对教学模式化，鼓励依据课程目标，结合学生特点，创新教学方法，形成具有实践性和可操作性的教学策略。核心素养提出后，很多英语教师及研究者基于教学实践，提出在英语教学中培养学生核心素养的教学实践策略。例如，通过提问策略，促进学生深度学习，发展学生思维能力；通过板书策略，促进学生的记忆和理解；通过反思、评价策略，促进学生学习能力发展等。其中，课堂言语互动策略对建构师生之间有意义的课堂协商及互动，改变学生被动接受知识状况，促进学生批判性思维发展起着重要作用，有助于教师和学生的共同发展和创新。

二、英语课堂言语互动的内涵

依据新课程标准的理念，教学过程不再是单纯的给予和接受的静态过程，而是教师和学生间相互交流、相互影响的互动过程。课堂教学活动主要以言语方式进行，言语行为是课堂中最主要的教学行为。言语互动指在教学中，为了实现教学目标，师生间、生生间发生的具有交互作用和影响的话语。在以学生学科核心素养发展为目标的英语课堂上，师生互动频率有很大增加。然而，笔者根据多年的课堂观察，发现英语课堂言语互动存在一些问题，制约着课堂师生、生生言语互动的实效，不利于学生语言能力、思维能力的发展。本节分析英语课堂言语互动中存在的四个主要问题，结合教学案例分析，从互动主体、互动形式、互动情境、互动深度四个维度提出改进有效言语互动策略的可行性建议。

三、英语课堂言语互动存在的主要问题

（一）言语互动多以教师为主体，学生被动参与

课堂师生言语互动中的学生言语可以分为两类，第一类是由教师主导的学生言语，第二类是学生主动进行的言语互动。根据课堂观察，在小学英语

课堂中，由学生主动进行的言语互动很少，原因之一是教师没有认识到学生在课堂学习中的主体性地位，为学生有效参与互动提供的机会少。

【案例 3-1-1】

北师大版《小学英语》三年级下册，Unit 11 Green berries

T：Let's look at the picture. Is Mocky happy? Yes, Mocky is very happy and he sings a song. He climbs up the tree. But he is not careful and falls down from the tree. Let's look at the picture. What happens? Yes, his head hurts. How do you feel when you know Mocky's head hurts? Do you feel happy?

Ss：No.

这个片段中，教师提出了四个问题，除最后一个问题外，提问后都没有停顿，没有留给学生思考的时间及回答的机会，而是自问自答。在这种情况下，教师控制着话权，学生只是被动地参与。如果教师合理分配话轮，就能更好地为学生提供参与言语互动的机会，体现学生的主体地位。

（二）生生互动流于形式，言语互动缺乏实效

《新课标》倡导合作、探究的学习方式，生生互动是合作学习不可缺少的因素。但如果教师不能够合理设计、组织任务，引导学生进行有效互动，那么生生互动时很多学生会用汉语交流，缺乏言语互动实效。例如，北师大版《小学英语》三年级下册 Unit 11 Green berries 第三课时的对话教学是关于看病话题的简单询问和回答，在语言操练环节，教师设计了结对活动，请学生根据图片上人物身体出现的问题，用目标语言“What's the matter with…”“His/Her… hurts.”互相询问并做出回答，然后完成句子填空，如“His leg hurts.”，但有些同学直接用汉语交流：“应该是腿受伤了吧”，直接将答案填上，使得生生言语互动流于形式。教师应该加强生生互动的监控和指导，保障生生言语互动的有效性。

（三）言语互动深度不够

目前，课堂上虽然互动的频率有所提高，但能够调动学生思维，需要学生深度思考或具有真正信息交流的言语互动较少。很多时候学生在言语互动中的参与只是浅层次的参与，例如，回答“Yes.”或“No.”，或仅仅朗读课本上的句子回答教师的检测等。

【案例 3-1-2】

北师大版《小学英语》四年级下册，Unit 11 Uncle Jack's Farm

T：Do you understand this story?

S：Yes.

T：OK. Do you have this paper?

S：Yes.

T：Take it out. Please fill in blanks and then read it. Can you fill in these blanks?

S：Yes.

这个片段中教师想检测学生对故事的理解及是否明白了指令语，但是教师的提问无法获取有价值的信息。教师可以转换提问方式，提问学生“What's the story about?”，根据学生的描述，有效评价学生对故事的理解。对于教学指令理解的检测，教师可以说“Please explain what I ask you to do.”。在低年级还可以请一位学生用汉语重复一下指令。

(四)情境创设不恰当，互动缺少真实性交际

情境在外语学习中具有重要作用，良好的教学情境能充分调动学生学习的主动性和积极性，启发学生思维，促进真实性言语互动。但是，目前英语课堂中存在的一个普遍问题是教师创设的情境不够恰当，不够真实，导致师生间、生生间无法进行自然的交际性互动。

【案例 3-1-3】

程晓堂，《英语教师课堂话语分析》

T：Now class begins. Stand up please.

Ss：Good morning，Miss ×××.

T：Good morning，class. Sit down，please. How are you today?

Ss：We are fine. Thank you. And you?

T：Fine. Thanks. How are your parents?

Ss：The are fine. Thank you.

T：Please say hello to your parents.

Ss：OK.

这是上课伊始师生互致问候的一个情境。在英语中，熟悉的人相隔较长时间再见面时，除了彼此问候以外，可能还要对对方的父母、子女、兄弟等表示关心。但是，以上片段属于课堂教学情境中的师生问候，此时，教师对学生父母的关心显得很不真实和自然。教师需要为学生创设生动、逼真的学习情境，激发学生的学习兴趣和积极性。

四、课堂有效言语互动策略

有效的课堂言语互动体现在以下四个方面：学生在互动中的主体性、互动形式的多样性、互动情境的真实性和学生参与互动的深度。下面从四个方面提出有效言语互动的改进建议：

(一)注重师生言语互动的双主体性，增加学生参与度

课堂互动中应以教师、学生为双主体。师生分享学习决策权，形成协作式学习。可以通过以下策略实现师生言语互动的双主体性：

1. 采取话轮转换策略，为学生成为言语互动主体创造时机

言语互动时教师应有意识地为学生创造作为主体的机会。教师可以自然地分配话轮，不是教师一个人说话，而是让尽可能多的学生说话；教师说话时，不是不间断地说很多话，而是尽量引导学生说话(程晓堂，2009)。

【案例 3-1-4】

《中国少年英语报》，Free Holiday

T：Now let's review the story. They won a …

T & Ss：Free holiday.

T：And Dad wanted to…

Ss：Go camping.

T：Mom wanted to…

Ss：Go to a big city.

【案例 3-1-5】

人教版《新起点英语》三年级上册，Unit 7 My Birthday

T：What do you want for your birthday?

Nancy：I want some books.

T：You want some books. Now class，do pair work，and tell your partner "I want a…".

案例 3-1-4 是一位小学优秀教师执教的全国公开课片断，授课主题为 free holiday，选自《中国少年英语报》中高年级版(注：案例 3-1-6 选自同一教师的案例)。案例 3-1-4 中教师通过恰当的停顿，引导学生参与言语互动。案例 3-1-5 中教师通过指令语 "tell your partner 'I want a…'" 将话语权转换给学生，使学生成为言语互动中的主体，为每个学生创造参与言语互动的时机。

2. 鼓励学生提问，使学生主动成为言语互动的主体

学生提问能保障学习过程成为学生发现问题、提出问题、解决问题的过

程，提高学生的言语参与度，学生的提问与教师提问同等重要，教师应培养学生的提问意识。和谐的课堂情境及课堂氛围是调动学生提问及参与言语互动积极性的前提。

【案例 3-1-6】

《中国少年英语报》，Free Holiday

T：Now I have a picture to show you. Do you have any questions about the picture?

Ss：Who are they?

T：Who are they? Good. Let's see who the man is.

Ss：It's Dad.

在案例 3-1-6 中，教师通过请学生就图片内容自由发问，促进学生参与言语互动的积极性。除了这种教师创设的提问情境，教师还应在日常教学中创建和谐的氛围，支持学生主动提问。教学中的一个普遍现象是教师给出指令后，总会用"Is it clear?"或"Do you understand?"等语言一遍遍询问学生是否明白。其实，学生话语的功能之一是澄清，教师应该培养学生在不明白教师指令时主动发问的习惯。例如，学生可以用"What do we have to do? "或者"Can you explain that again，please?"等课堂用语主动向教师提问，明确对指令的理解，与教师开展有效交流。

3. 运用恰当纠错方式，落实学生的主体地位

教师纠正学生的错误时应该关注学生答错问题时的心理感受，体现人文关怀，通过积极的反馈引导学生理解问题所在。如果学生产生小的口误，教师相信学生能够自己改正时，可以鼓励学生自我纠正或请同伴帮助纠正，增加学生有效的言语参与。

【案例 3-1-7】

北京版《小学英语》五年级下册 Unit 5 Lesson16 Who Is This Man?

T：Now can you tell me what the weather is like today?

S1：It's sunny and hot.

T：It's sunny and a bit hot. OK，what's the weather like today?

S2：It's rainy.

T：Is it rainy? Who can help her? What's the weather like today? Is it rainy?

S3：It's sunny warm today.

T：It's sunny and warm.

在案例 3-1-7 中，S2 的回答不正确，教师反问“Is it rainy?”，然后通过问“Who can help her?”邀请同伴帮助纠正，尊重学生在纠错中的主体地位。教师还可以通过“That's not quite correct. Will someone else try?”的询问方式，使更多学生参与言语互动。除了同伴纠错外，教师还可以引导 S2 自我纠错。例如，教师用升调重复 S2 说错的话，使她意识到自己的错误后，询问“Is that correct?”，为 S2 提供尝试自我纠错机会。教师还可以根据情境，用“That's almost right. Try again.”“I'm sorry; I don't understand. What do you mean?”等话语，鼓励学生再次尝试或做出解释。

(二)增加互动形式，保障生生互动实效

目前小学英语课堂中的言语互动形式较单一，多为教师与一个学生的互动，教师与多个学生的互动，除分角色朗读外，生生互动较少。即使有生生互动，也由于缺少监控，或者学生在合作中缺乏足够语言支持而存在交际障碍，多用汉语进行交流，影响生生互动的实效性。教师可以从两个方面解决这个问题。

1. 准确定位教师角色，保障生生互动实效

教师在一节课中承担不同的角色，在学生进行结对、小组活动时，教师首先扮演监控者。当学生在小组活动中遇到困难时，教师应该成为学生的资源提供者及参与者，帮助学生更好地开展活动。教师应该培养学生在遇到问题时向教师主动寻求帮助的习惯。比如，学生可以用“How do you say … in English?”等语言向教师求助。

2. 提供语言支持，促成生生有效互动

教师设计任务和活动时应该考虑学生需要哪些特定语言来完成。例如，教师让学生个人在完成阅读任务后结对核对答案，学生 A 可以说“What answer do you have for number 1?”如果教师没有提前教给学生这种表达方式，学生可能会直接用汉语问对方。如果学生不知道如何用英语询问对方的观点或请对方做出解释、澄清，就会使用母语去询问，影响言语互动交流实效。教师可以教给学生在生生互动时用到的一些交际用语，例如：

In my opinion, ________.（表达自己的观点）

What do you think?（询问对方观点）

Yes, I agree with you.（表示同意）

掌握了这些表达方式，学生在做结对、小组活动时能用英语询问、交流观点，一定程度上减少汉语的使用，提高生生言语互动的实效。

(三)创设生动真实的互动情境，提高言语互动交际性

英语学习的最终目的是为了运用，语言的运用离不开情境。互动式教学情境能引导学生进入角色，启发学生主动建构知识，运用真实性语言进行交际。

【案例 3-1-8】

人教版《小学英语》三年级上册 Unit 7 My Birthday

T：Do you know your friends' birthday?

Ss：Yes.

T：Little Pig，who is your friend?

Little Pig：Jack is my friend.

T：Jack's birthday is in…?

Little Pig：November.

T：Good. Robin，please stand up. Who knows when Robin's birthday is?

T：Oh，no one knows，let's ask him.

T & Ss：When is your birthday?

Robin：My birthday is in March.

在这个片段中，教师为学生创设了询问朋友生日的情境，练习目标语"When is your birthday?"和"My birthday is in…"。该情境与现实生活中的真实情境密切相关，使得互动自然，具有真实性。真实的语言情境能使教师与学生进行思想和信息交流，能够激发学生参与目标语互动的兴趣，有助于学生理解、吸收语言知识。

(四)恰当提问和回应，增加互动深度

提问是使学生参与言语互动的重要方式，提问类型以及对学生回答问题后的回应方式直接影响学生参与言语互动的程度与深度。教师应合理设计课堂提问，多设计开放性问题，鼓励学生思考，做出体现自己理解的回答，达成深度互动。

【案例 3-1-9】

人教版《小学英语》三年级上册 Unit 7 My Birthday

T：When is your mother's birthday?

S1：My mother's birthday is in February.

T：Good. What do you want to do for your mother on her birthday?

S1：I want to buy a birthday cake.

T：How about your mother's birthday?

S2：My mother's birthday is in July.

T：What do you want to do for your mother?

S2：I want to cook for her.

T：You want to cook for your mom. You are good son.

本片段中教师在学生回答了日期后，恰当回应，追问学生生日时会为母亲做什么？启发学生思维，增加与学生互动的话轮，使得互动具有真实交际性。这种以信息交流为目的的言语互动，有助于学生思维及言语的深度参与。教师对于学生的回答应专注地倾听、积极地回应，促进学生参与的积极性及深度。

作为课堂教学活动的重要组成部分，课堂言语互动的方式和效率不容忽视，有效的言语互动表现为学生主动参与，互动形式多样，真实性言语交际及学生的深度思维。有效的课堂言语互动可以激发学生的学习兴趣，提高学生参与教学过程的积极性，增进语言体验的机会，促进学生思维的发展。在新课程理念下，英语教师应该不断探讨有效课堂言语互动的方法和策略，提高教学实效，促进学生学科核心素养的发展。

第二节　听说教学实践策略

一、核心素养背景下的听说教学存在的主要问题

基础教育作为国家基石性教育，首先要回答的是培养什么人和如何培养人的问题；真正高质量的教育是培养学生适应终身发展和未来社会所需要的正确的价值观念、必备品格和关键能力，即核心素养(王蔷，2018)。《新课标》提出，英语学科核心素养由语言能力、文化意识、思维品质和学习能力四方面构成。发展学生英语学科核心素养的目标要在具体英语教学中实现。听说教学作为中学英语的重要课型之一，在发展学生学科核心素养方面应当具有与阅读教学同等重要的价值。听说教学也应将教学目标定位在学生核心素养的发展，但一些教师在听说教学中培养学生核心素养的意识薄弱。目前，关于在英语阅读教学中培养核心素养的研究较多，对如何在听说教学中进行核心素养培养的研究相对较少。根据笔者的课堂观察，一些教师在听说教学中培养学生核心素养的意识落后于阅读教学，在设计和实施指向核心素养培养的听说教学时存在一些问题。例如，缺少听力语篇分析意识，无法准确挖掘听力语篇的核心素养培养价值；缺少对学生已有知识和经验的准确把握，

无法制订真正指向核心素养培养的听说教学目标；听说学习活动以知识学习和技能发展的碎片化教学为主，缺少层次和整合，无法实现素养的融合发展等。本文结合案例，提出解决以上问题的实践策略，分析如何促进核心素养培养目标在听说教学中的落实。

二、指向学科核心素养培养的中学英语听说教学实践策略

（一）深入研读语篇，分析提炼听力语篇的核心素养培养价值

《新课标》提出，语篇是教学的基础资源，是语言学习主题、情境和内容的载体，并提出深入研读语篇，把握主题意义、挖掘文化价值、分析文体特征和语言特点及其与主题意义的关联，是教师落实英语学科核心素养目标、创设合理学习活动的重要前提。目前，大家对语篇分析的研究主要聚焦在阅读文本及其语篇特征上，对听力文本的关注相对较少（徐浩，2017）。有些教师认为听力语篇相对于阅读语篇而言，内容比较简单，因此缺少进行深入解读的意识。语篇包括口头、书面等多模态形式，如文字、图示、歌曲、音频、视频等。因此，教师在进行听说教学时，也首先需要深入研读听力语篇，准确把握语篇蕴含的核心素养培养的教学价值。

听说教学中的语篇与读写教学中的语篇有很大差异，听说活动与读写活动在情境、互动、话语等许多方面都存在特征上的不同，但并不影响语篇的基本规律在二者中的共同体现（徐浩，2017）。《新课标》提出了从 What、Why、How 三个维度进行语篇分析建议，同样适用于听力语篇。What 侧重对语篇主题和内容的分析，Why 是对语篇的深刻含义的解读，How 是对语篇的文体特征、内容结构、语言特点的分析，听力语篇与阅读语篇在文体、语言特征上有较大的不同，值得教师关注。下面以一节主题为“餐桌礼仪”的初中听说教学语篇为例，说明如何对听力语篇进行分析。

【案例 3-2-1】

听力语篇分析

[What]教材听力语篇是外国人 Steve 与中国人 Yang Ming 关于中国餐桌礼仪的一段对话。以 Steve 即将去中国，想了解中国的餐桌礼仪开始。Yang Ming 为 Steve 介绍了最基本的三种中国餐桌礼仪：等年长者入座后再开始吃饭；不要将筷子直插在碗中；不要用筷子指向任何人。Steve 对 Yang Ming 的介绍做出回应，指出中外餐桌文化的不同，例如，在听到要等年长者入座后再开始吃饭时，Steve 指出在自己国家没有这样的习俗。

[Why] 以口语对话方式为外国人介绍最基本的中国餐桌礼仪，帮助外国

人了解中国文化，以及中外餐桌礼仪的差别。

[How] 在文体特征上，该语篇是一段典型的口语对话，有一些显著表示对话开始和结束的语篇标识词，例如，well、oh、I see、yeah、I know 等。从内容结构来看，语篇通过两人的对话，围绕着餐桌礼仪主题，以话轮转换的方式进行。对话在Steve想了解中国餐桌礼仪的语境中展开，Yang Ming为Steve介绍中国的三种主要餐桌习俗礼仪，Steve对Yang Ming的介绍做出回应。在语言特点上，符合口语特点，没有太多难词，但语篇中反复使用“You are not supposed to…”“It is impolite to…”“You are allowed to…”等功能句表示建议，是学习的重点。此外，关于中国餐桌礼仪的英语描述，例如，如何表达“吃饭时如果有老人在，应该等老人先开始”等，是另外一个学习重点。

【评析】

教师可以从语篇主题意义、内容结构、语言特点、目的意图、语言与意义联结方式等方面，对听力语篇进行多维度分析。其中，听力语篇的口语体特征、话语标记语的使用及作用、与主题意义有关的重点语言结构等应特别关注。通过语篇分析，教师可以确定语篇在语言知识、听力技能、文化和思维等方面的教学价值，为指向核心素养培养的听说教学目标及学习活动设计提供依据。

(二)细致进行课前学情分析，准确制订核心素养培养教学目标

基于学情和学生需求的教学设计才能真正促进学生发展。有些教师进行学情分析时有表面化、主观性问题。这一现象在听说教学中比较普遍。教师可以在课前、课中、课后进行全面、系统地学情分析。而课前学情分析是确定教学目标的主要依据之一，全面、深入的课前学情分析有助于准确把握学生学习需求，为指向学科核心素养教学目标的制订提供信息和依据，有助于教师深入了解学生关于即将学习的主题具有的素养基础。进行听说教学学情分析时，教师不仅需要关注学生已有的语言知识和经验，还应关注学生对听力主题具有的背景知识，以及关于主题听力理解和口语表达的难点。下面以一节主题为“聚会习俗礼仪”的高中听说教学为例，说明有效课前学情分析的重要性。

【案例 3-2-2】

利用问卷进行课前学情调查与分析

课例单元话题为 celebration，即不同民族文化习俗和传统节日的庆祝方式及礼仪。本课是第二课时，是一节话题为 parties 的听说课，听力语篇内容是一段电台访谈节目录音，介绍了参加英国聚会的礼仪，功能句是利用情态动词谈论应该或不应该做某事。授课教师设计了一项小问卷，在前一节课的最后几分钟，让学生进行了回答。在此附上调查问卷及一位学生的回答：

①你参加过什么样的聚会？（答：生日、毕业。）

②对于英国聚会礼仪你有什么了解？（答：准时。）

③对于中国传统节日和庆典习俗你有什么了解？（答：春节吃饺子。）

④对于中国聚会的礼仪你有什么了解？（答：红包。）

⑤你会用英语表达中国聚会的礼仪吗？（答：会一些春节的表达。）

【评析】

通过分析学生的问卷，授课教师发现结果与她最初的主观预设有较大差异。教师对学情的预设是该话题比较贴近学生生活，学生应该比较熟悉，会有较多的想法，主要难点应该是与聚会有关的个别英语词汇。而调查结果表明学生对中国、英国的聚会习俗都所知有限，不太知道具体有哪些礼仪要求，如何用英文进行某些礼仪的表达也是难点。调查结果启发教师教学重点不仅是词汇，还应让学生通过学习了解文化，例如外国聚会习俗，同时还应加强学生用英语介绍中国聚会习俗的能力。基于该学情调查，授课老师补充了一个关于中国婚宴习俗的视听材料。结合语篇分析和学情调查，授课教师制订了指向核心素养培养的教学目标，在本节课结束时，学生能够：

(1)听懂一个关于英国聚会礼仪的访谈和一个关于中国婚宴习俗的视听资源，获取中英两国聚会习俗礼仪的基本信息；

(2)记录和归纳所听聚会习俗礼仪的要点；

(3)根据记录转述所听聚会习俗礼仪的内容；

(4)比较中外聚会习俗礼仪差别，尊重他国习俗，传播中国传统文化。

教师制订的教学目标即关注语言知识学习、听力技能发展，同时将文化意识和思维品质培养也作为重要教学目标之一。体现了基于主题意义探究，发展融合语言能力、文化意识、思维品质和学习能力的多维能力培养理念。课前客观、深入了解学情对制订指向核心素养培养的教学目标具有重要意义。

(三)通过有层次的听说学习活动，促进核心素养培养目标达成

《新课标》提出了以主题意义为引领的课程六要素整合的英语学习活动观，提倡在语境中以主题意义探究统领，通过基于语篇的学习理解类活动、深入语篇的应用实践类活动和超越语篇的迁移创新类活动，将语言知识学习、语言技能运用、学习策略应用、思维品质发展和文化意识培养整合融入每类活动中，开展学习。学科的认识活动和问题解决活动可以概括为三个方面，一是知识和经验的输入——学习理解活动，二是知识和经验的输出——应用实践活动，三是知识和经验的高级输出——迁移创新活动，学科知识需要经过学习和理解、应用和实践、迁移和创新等关键能力活动，才能转化为学科能力和学科素养(王磊，2016)。指向核心素养培养的教学目标制订出来后，还需要通过设计有层次、相关联、能整合的听说学习活动，实现知识向能力，能力向学科素养的转化。

1. 基于语篇的学习理解类活动

《新课标》提出学习理解类活动主要包括感知与注意、获取与梳理、概括与整合等基于语篇的学习活动。具体到听说教学，该阶段主要是通过自上而下与自下而上相结合的听力理解活动，完成对听力语篇内容和语言两方面的学习理解。教师通过预测和推断、听主旨大意、听细节信息等活动形式，引领学生获得关于听力语篇的事实性信息，感知并注意语音、语调、节奏、词句辨析，学习主题表达需要的词汇、语言结构、语篇等知识。然后通过复述、总结语篇大意等概括、整合活动，借助思维导图等信息结构化方式，建立所获信息间的关联，形成新的知识结构，初步理解听力语篇所表达的意义和蕴含的文化价值。下面以前文提到的主题为“餐桌礼仪”的初中听说教学为例，探讨基于语篇的学习理解类听说活动设计。

【案例 3-2-3】

基于语篇的学习理解类听说活动

第一步，听前创设情境，激活语言和文化背景知识。

①授课教师播放一段小视频进行导入，引出主题。并让学生进行头脑风暴，描述自己已知的一些国家的餐桌礼仪，激活学生与主题相关的语言和文化背景知识，拓展思维。

②教师展示听力对话中主人公图片，创设语境，主人公 Steve 要去中国，想了解中国的餐桌习俗礼仪，引出下一步听力学习活动。

第二步，听中获取语篇信息，学习语言和文化知识。

①听第一遍听力，以图文匹配方式整体感知听力语篇信息，请学生用“You are supposed to…”等功能句描述图片，内化语言。

②听第二遍听力，完成判断正误听力任务，获取语篇细节信息，并初步感知语篇中提到的中英两国餐桌礼仪区别。

③补充关于五个其他国家餐桌习俗视听材料，听第一遍，关注提到的国家，听第二遍，完成表格填写活动。教师在核对答案时，追问视听材料中提到的每个国家餐桌习俗的原因，进一步感知中外文化差异。

第三步，归纳复述大意，进行信息的概括整合。

学生跟读教材听力文本和补充的视听材料文本，跟读后标出文本中描述不同国家餐桌礼仪的重点句，用思维导图形式归纳不同国家餐桌文化，同伴两人间互相介绍，通过口头交流，实现对文化知识和信息的概括整合。

【评析】

教师首先创设了恰当语境，引出主题，充分激活学生图式。之后通过多种形式的听力理解学习活动，使学生借助听力技能和策略，获取关于教材听力语篇和补充视听语料的语篇信息，感知、梳理语言和文化知识。实现对听力语篇内容的理解，语言知识的学习，并初步理解语篇意义及蕴含的文化知识。

2. 深入语篇的应用实践类活动

《新课标》指出应用实践类活动主要包括描述与阐释、分析与评判、内化与运用等深入语篇的学习活动。该阶段学习活动属于初级层次输出活动，主要通过口头应用听力输入中获得的语言及信息，促进语言内化，增强口语表达的熟练度及自动化。Swain(1985)提出的输出假设指出，语言学习者不仅需要可理解的输入，更需要可理解的输出，语言输出能给学习者提供机会，使用语言进行有意义的操练，从而增强口语表达的流利性。该部分学习活动通过对比分析、角色扮演、问答对话等形式，以个体或合作方式进行口语表达交流，初步应用语言，实现对新获得语言知识和文化知识的内化，以及对语篇内容或文化内涵的深度挖掘和理解。下面以前文提到的“聚会习俗礼仪”主题听说教学为例，探讨深入语篇的应用实践类听说活动设计。

【案例 3-2-4】

深入语篇的应用实践类听说活动

教师在听力语篇及补充的视听材料学习理解后，设计了以下深入语篇的应用实践类活动。

第一步，分析中外文化差异，深入了解不同文化内涵。

学生听后完成以下韦恩图活动，分析中英两国在聚会习俗礼仪方面的异同。教师提出问题“Why do you think there are differences between etiquette for Chinese and British parties?”引导学生思考中外文化差异产生的深层原因。

第二步，实践与内化语言知识和文化知识，在情境中运用，分析评价，提升思维，汲取文化精华。

学生根据活动任务提示卡进行四人小组活动。情境是为学校电视台录制 talk show 节目，谈论中英聚会礼仪。四人中 A 担任节目主持人，B 是英国留学生，C 和 D 是中国学生。准备好后进行小组展示和同伴评价。

【评析】

该部分教学中，教师引导学生进一步深入理解听力语篇，围绕主题进行语言交流活动。帮助学生更深入地认识到中英两国聚会习俗礼仪之间的异同，发展思维能力，树立尊重和包容多元文化的意识。之后教师为学生创设恰当情境，学生与同伴合作，将本课中所学的英国聚会礼仪、中国聚会礼仪、两国文化差异、给建议的情态动词功能句等进行综合运用，通过进一步应用和内化，将新知转化为能力。

3. 超越语篇的迁移创新类活动

《新课标》指出“迁移创新类活动主要包括推理与论证、评判与评价、想象与创造等超越语篇的学习活动”。该阶段活动属于高层次输出活动，学生通过综合运用新、旧语言知识，发表个人对语篇主题意义、隐含价值、作者观点、语篇文体特征等方面的评判分析，或者在新语境运用语言创造性地解决问题，实现深度学习，体现迁移创新。主要活动形式是在与主题相关的新语境中对系列高阶问题的讨论、交流、辩论、演讲等，侧重对语言综合运用能力及开放、创新思维能力的培养。同时，这部分活动还能起到评价作用。下面以一节“校规”主题的初中听说教学为例，探讨超越语篇的迁移创新类听说活动设计。

【案例 3-2-5】

超越语篇的迁移创新类听说活动

教师在学习理解和应用实践类活动后，设计了以下超越语篇的迁移创新类听说活动。

第一步，对语篇主题意义进行分析与评价。

教师用问题引领学生发表对“校规”主题的看法及观点：Express your opinion about one school rule, do you agree or disagree with it? Why does school have to have rules? Should the teachers follow the school rules and be strict with students or not?

学生进行小组讨论，学生代表发言。

第二步，在新的语境中运用所学语言分析、解决问题。

设置情境：If you were the headmaster, what a school rule you want to make for students or teachers?

学生分享如果自己是校长，最想制订的一项校规的内容及原因。

【评析】

该部分教学中教师设计与主题相关的高阶评判性问题，以及创设新的语境，引导学生综合运用所学的语言、文化和语篇知识，就校规主题发表自己的观点，达成培养学生理解规则、遵守规则的意识目标，提升学生思维品质，实现语言的迁移应用。之后，教师还布置了将想制订的一项校规写出来的作业，通过写作输出方式，进一步促进语言的迁移应用，促进能力向素养的转化。

基于学习理解、应用实践、迁移创新的学习活动，一方面能够避免以往以词语、语法为主的碎片化教学，有助于引导学生以主题意义探究为主线开展学习。另一方面，能够避免以往听说课听的多、说的少，对学生应用实践和迁移创新能力培养不够的问题。通过有层次、相关联的学习活动，实现从听力输入到语言内化到口语输出的转化，体现认知和思维的进阶，实现听说深度学习。对语言的深度学习，就是把语言、文化和思维融合起来进行学习，而不是割裂成语言是语言、文化是文化、思维是思维(梅德明、王蔷，2018)。通过基于主题意义探究的听说深度学习，实现学科核心素养的融合发展。

英语教师应立足基础教育英语课程总目标，转变听说教学理念及实践。通过听说教学不仅提升学生英语听说语言能力，同时促进学生英语学科核心素养的综合发展。

第三节　阅读教学实践策略

一、主题意义探究与学科核心素养培养

《新课标》中提到，主题为语言学习提供主题范围或主题语境，学生对主题意义的探究应是学生学习语言的最重要内容，直接影响学生对语篇理解的程度、思维发展的水平和语言学习的成效。英语学科课程改革以“主题意义探究”作为教与学的核心任务，旨在改进脱离语境而过度关注语言知识点和语言技能的碎片化教学方式(程晓堂，2018)。基于主题意义探究的教学是发展学生英语学科核心素养的重要途径之一。该理念受到教育研究者与一线教师的广泛关注，然而落实该理念的有效教学方式与策略还亟须探索。

在《新课标》正式颁布一年后，研究团队对北京城区及郊区的676名中学英语教师进行了问卷调查，旨在了解教师对这一课程理念的真实态度、理解现状、教学实践中面临的挑战及需要的支持。调研结果显示，大部分教师认同主题意义探究的教学理念；76％的教师表示，对基于主题意义探究教学的内涵的理解，大多限于照搬《新课标》中的说法，还没有深入了解其对学生语言学习的真正意义。教师认为，在引导学生探究主题意义的过程中可能遇到的最主要的几个挑战依次为：如何放手让学生自主探究主题意义、如何将主

题意义转化为有效的教学活动、如何准确地把握主题意义以及如何平衡语言知识与主题意义的关系。在基于“主题意义探究”的教学设计与实施过程中，教师觉得自己会面临的最主要困难依次为：对主题意义探究等相关理念的理解还不够深入(59.09%)、缺乏可借鉴的实践策略(59.09%)、学生语言能力有限，限制了主题探究和思维发展(22.73%)。基于调研结果，如何深化中学英语教师对基于主题意义探究教学的认识，并将其转化为教学活动，引领学生实现对主题意义的探究等问题急需解决。

二、主题、主题意义、主题意义探究的内涵

《新课标》将主题列为六要素融合课程的首位。指出英语课程应该把主题意义的探究视为教与学的核心任务。在以主题意义为引领的课堂上，教师要充分挖掘特定主题所承载的文化信息和发展学生思维品质的关键点。文化信息及文化差异是学生进行主题意义探究意愿的触发点，活跃的思维促进对主题意义的探究。《新课标》提出三大主题以及下设的不同子主题，但没有对主题的内涵进行界定。目前对话题、主题、主题意义的内涵并没有较统一的说法。话题多是基于情境并指向交际的，教师需要依托对话题本身的探讨和加工，引入主题性线索，使学生既能在某一话题上达成交际上的理解和表达，同时也能通过主题激发自身的思考，促进自身的成长(徐浩，2018)。主题指的是围绕人们生活、学习和工作相关的某一范围展开的话题类别(梅德明、王蔷，2018)。主题是指作者通过文本传递的主要内容，主题意义则是指主题呈现的核心思想或深层含义(陈新忠，2018)。虽然研究者对主题和主题意义的说法不一，但能够达成共识的是，在英语学习中，通过主题为语言学习提供范围和语境，主题意义往往与文化内涵和情感、态度、价值观相关。因此，笔者认为可以从宏观和微观两个层次来理解主题。宏观上来说，主题主要是指话题类别，例如，《新课标》中提出的三大主题及子主题。微观上来说，主题是指语篇内容所体现的主线。而主题意义则是指作者的写作目的或写作意图，体现出作者对某一事物、现象的观点、理解和评价。每个人对主题意义的理解会受到时间、地域、民族、宗教及作者个体因素等多方面的影响和制约(唐元明，2014)。个体对主题的理解既有一定共识，也带有个性化特征。

主题意义探究是指通过探究性学习对主题意义逐步理解、表达交流的过程。基于主题意义探究的教与学是指教师在理解主题意义的基础上进行教学设计，通过恰当的活动实施，引领学生实现对主题意义深入理解的过程。主题意义探究是一个逐步深入的过程，探究的层次包括理解、深化和表达，探

究的内容包括对文章主题内容的理解，对作者观点意图的理解，对自我成长指导意义和价值的理解等。

基于主题意义探究的教与学是指教师在理解主题意义的基础上进行教学设计，通过恰当的活动实施，引领学生实现对主题意义深入理解的过程。主题意义探究的主体是学生，在探究过程中教师应该发挥主导作用，通过活动、问题、启发等方式引领和促进学生的探究。下面结合一节教学改进课例，解析如何从学生视角进行教学，促进学生对主题意义的探究。

三、课例内容分析

本课例是北师大版普通高中课程标准实验教科书必修模块一高一年级 Unit 3 Celebration Lesson 4 Christmas 阅读教学(教学设计见附录三)。该单元话题为 celebration，Lesson 1 是主题为 festivals 的阅读课，讲述了一些关于中国传统节日的相关知识及庆祝活动；Lesson 2 是主题为 parties 的听说课，内容是关于几种 party 的庆祝和相关礼仪；Lesson 3 是主题为 weddings 的阅读课，讲述了两个不同国家的婚礼习俗；Lesson 4 是主题为 Christmas 的阅读课，主要内容是一位英国男孩对圣诞节的回忆，展示了英语圣诞节的相关文化。主题意义是尽管不同国家在文化形式上有差异，但本质上有很多共通之处，人们通过庆祝节日表达自己的情感，同时也是对文化与习俗的传承。

基于对文章主题内容分析和主题意义的理解，本节课的教学重点如下，在语言能力方面，学生要能够掌握关于圣诞节各种活动的准确表达，能够按照时间顺序表述自己对某个节日的记忆；在文化意识方面，学生能够在阅读中发现和体会文化的共性与差异；在思维品质方面，学生能够在老师的引导下，走入文本，体会在不同文化中人们庆祝节日时所流露出的真实情感。

四、第一次教学实践

本次授课中教师设计了以下四个教学环节：

(一)导入主题

1. 教师为学生播放了一首英语儿歌“Jingle Bells”，以引起学生对圣诞节的兴趣，勾起回忆；

2. 展示教材上关于圣诞节的主题图，引导学生进行 brainstorming，说出与圣诞节有关的事物，激活学生的已有词汇与相关知识，并教授几个重点词汇；

3. 根据教材图片预测在英国人们通常会如何过圣诞节。

(二)初步理解语篇主题内容

1. 阅读全文，验证预测，标出预测和未预测到的内容；

2. 根据时间线索，将全文分为三部分，总结每部分大意；

3. 完成教材上的活动三，将几个圣诞节活动排序。

(三)深入理解语篇主题内容，提炼主题意义

1. 再次阅读全文，回答一些细节性问题，回答错的问题引导学生回文，加深理解；

部分问题如下：

When did the writer's Christmas begin? What did he do?

What happened with December?

2. 边阅读边完成学案上的活动：按时间顺序，列出作者不同时段庆祝圣诞节的主要活动；然后同伴间交流，师生互动反馈答案。

例如，文章第二段，主要描述了在圣诞节即将来临前的十二月份的一些活动：

With December

- ________ the new year calendar;
- Christmas cards ________;
- Christmas lights ________;
- ________ the town carol service;
- ________ snowmen and ________ exciting snowball fights.

3. 提炼主题意义：

(1)总结作者对于圣诞节的情感；

(2)对比春节和圣诞节的异同，体会文化差异：List similarities and differences between the Spring festival and Christmas.

(3)讨论：Has Christmas become more and more popular in China? Why?

(四)产出表达，迁移应用，升华主题意义

1. 师生共同归纳了文章结构，回顾了一些词汇与词组，然后学生准备并展示产出任务：Talk about memories of an unforgettable festival.

2. 总结庆祝节日的意义：Festivals can not only bring people joy and fun, also convey some cultural meaning, therefore, we should pass down some customs when celebrating each festival.

五、问题诊断

经过课堂观察学生的生成与输出，以及课后访谈，发现学习结束后学生对于英国的圣诞节文化理解很浅层，而且忽视了作者对于圣诞节情感体会描述的理解，而这正是本语篇主题意义探究的关键。教师设计的最终输出活动是分享自己对于某个节日的记忆，期待学生通过讲述某个自己记忆深刻的节日，描述自己对于该节日的情感。但由于教学环节较多、较琐碎，学生最后输出的时间比较紧张，仅有的一两个学生的展示也都是以描述应该如何庆祝某个节日，而不是自己印象最深的一个节日，更没有提到自己对于该节日的情感。由此可见，学生对于本语篇主题意义的探究不充分。

课后，研究团队对学生进行了随机访谈，以下是部分访谈内容及学生的回答。

1. 本节课你主要学到了什么？

圣诞节的习俗以及介绍节日的方法，一些活动的表达很有用。体会到了作者的愉快心情。

2. 在学习过程中有什么困难吗？

读懂了，就是说不出来。归纳圣诞活动的词组挺难的，找不出该用哪个动词；我想介绍春节，但好多词都不会说，原来初中背的表达方式也都忘了。

3. 对这篇文章最感兴趣的是什么？

圣诞习俗，例如他们过圣诞节吃的东西，我不知道他们圣诞节也吃蔬菜，我以为就吃火鸡呢；没想到他们圣诞节还去教堂，觉得挺有意思的。

4. 希望老师的教学做哪些调整？

可以多介绍他们的习俗和文化，我喜欢多了解这方面的内容，尤其是和咱们不一样的，我就特别想知道文章中提到的 paper hats 是什么样的，是不是跟我们校庆做的帽子似的。最后可以多给我们一些时间，说说我们的节日，也挺有意思的。

对学生的访谈印证了课堂观察得出的结论，也给研究团队以下启发：圣诞活动描述语言的准确掌握和活动描述体现出的作者的情感感悟是两个难点，西方圣诞文化、习俗是学生的兴趣点。围绕这三点进行突破，有助于学生对本文主题意义的探究。研究团队基于课堂观察和学生访谈归纳出以下主要问题，并寻求解决策略：

(1)如何从导入时就帮助学生尽快感知主题和语境；

(2)如何加深学生对西方圣诞节文化和习俗的认知和理解；

(3)如何加强语言的内化，为输出奠定基础；

(4)如何能够对语篇蕴含的主题意义理解得更深入；

(5)如何促进基于主题意义理解的充分输出。

基于以上思考，研究团队进行了第二次教学设计改进和授课。

六、第二次教学改进实践策略

(一)基于学生认知导入主题与创设语境

在第一次教学实践中，更多是从教师角度进行的活动设计，没有充分基于学生的认知基础及特点。例如，导入时教师认为儿歌“Jingle Bells”能够激发学生儿时的回忆，但没有考虑到不符合高中生的认知水平，结果歌曲只是起到了活跃气氛的作用。在第二次教学实践中，通过反思，授课教师将歌曲“Jingle Bells”换成了英文歌曲“That's Christmas to Me”，歌曲从画面到歌词都与语篇 Memories of Christmas 主题相匹配，教师通过询问学生对文章题目的理解，引导学生关注“memories”一词感知主题。通过以上两个基于学生认知的导入活动，创设了恰当语境，并在教学起始阶段引起学生对主题的关注。

(二)基于整合性教学，促进学生文化知识的深入学习

1. 多模态资源整合

文化知识的获取是文化意识发展的第一步，文化知识蕴含在语篇中，通过具体的语言表述呈现。学生首先理解、掌握文化知识，然后通过比较文化异同，理解文化内涵，形成正确的文化意识。学生学习本课语篇的兴趣点是西方圣诞节文化习俗。第一次教学中，教师虽然对文化的内容有所涉及，但更多是强调了对圣诞节庆祝活动词汇的关注和学习，缺少相关文化背景资料的补充，使得文化知识对学生来说比较抽象，印象不深刻。第二次教学中，教师通过图片、视频等方式，适时补充语篇中提到的相关文化知识内容，通过多模态方式，实现文化知识的直观化及可视化，加深学生对文化知识的理解。例如，在提到圣诞日历、圣诞帽时，为学生展示西方传统日历图片、圣诞帽(见图 3-1、图 3-2)。

2. 文化知识的结构化

第一次教学中，教师按照不同时间段分别对所进行的圣诞活动进行了梳理，这种碎片化教学使学生只关注了局部表述，对西方圣诞文化的整体理解不深入。第二次教学中，教师将梳理圣诞活动改为了以信息结构图的形式(见

图 3-3)进行，以时间主线进行串联，在整体中关注局部，以局部促成整体理解，通过文化知识的结构化，促使学生形成关于西方圣诞节庆祝习俗的系统文化知识，以及达成对主题的深入理解。

图 3-1　圣诞日历

图 3-2　圣诞帽

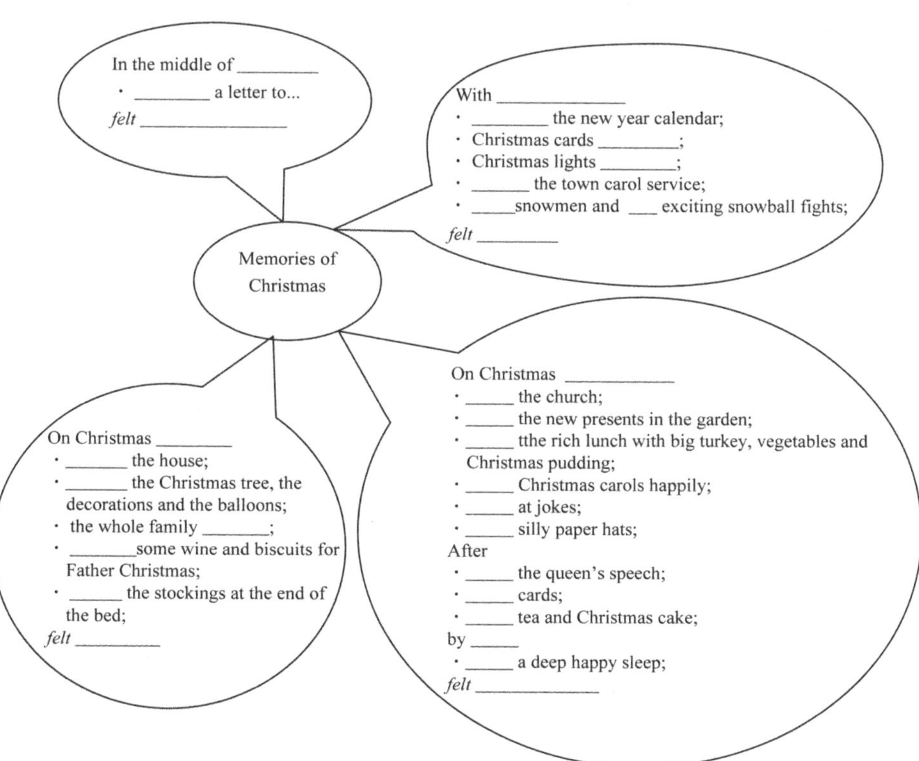

图 3-3　信息结构图学习活动

(三)多种方式促进语言输入内化

本课学习的难点是语言的内化，特别是描述圣诞节活动的动词短语，是促进输出的关键。第二次教学实践中，教师采用了以下方式促进语言的内化。

1. 变教师主体为学生主体

第一次教学中，教师在阅读前处理了自己认为学生在学习中会遇到的难词，结果还有些对学生来说是生词的词汇未处理，影响了学生的理解等。在第二次教学实践中，教师请学生在第一遍阅读时标出对自己来说是新词的生词和短语，并根据上下文猜测其意思，之后请学生之间互相交流自己标出的生词及猜测的词义，最后师生互动反馈了部分生词的发音和意思，通过这种方式真正解决了学生的生词问题，为阅读理解主题内容奠定了基础。

2. 利用认知信息差

第一次教学中，教师布置了 Read and underline the things you have expected. 在第二次教学实践中，教师将其改为 Read and underline the things you have never expected. 引导学生阅读课文，直接画出没有预测到的内容。学生可以直接发现英国的圣诞节与自己想象中的圣诞节的不同点，一下子就能抓住文化的差异。既能够激发学生进行探究的意愿，还能够加深对圣诞节文化知识的印象。

3. 增加复述性学习活动

第一次教学中，学生虽然通过阅读找出了描述圣诞活动的词汇，但学生只是达到了理解的层次，因缺少内化，无法实现迁移应用。第二次教学中教师增加了根据思维导图复述的环节，促进学生对语言知识的内化。

在第二次教学实践结束后对学生的访谈中，学生提到“记住了很多关于圣诞节活动的表达，思维导图式的学案很有用”“又多知道不少圣诞节的习俗与文化”“学会了说或写 memories of … festival 的文章结构”。由此可见，教学主体性、活动设计方式、对内化的重视意识等都会影响学生语言内化效果。

(四)将主题意义理解与语言、文化知识学习相融合

学生由于受知识水平、已有经验的影响，在对主题意义的探究中会遇到一些难点，达不到对主题意义的深入理解，需要教师的适时引领。前文提到，主题意义通常与语篇隐含的情感、态度、价值观有关，而这通常是学生理解的难点。例如，本课对作者情感的归纳是一个难点，第一次教学中，教师在全部阅读活动完成后，在读后阶段才要求学生对作者的情感进行梳理，忽视了庆祝活动与作者情感之间的关联，即对不同时间阶段庆祝活动的描述体现

了作者怎样的情感，使得语言和情感感悟之间产生脱节，教学中缺少对这一学习难点有针对性的突破。为何对作者情感的归纳是学习难点？因为，有些文中没有直接给出相关情感描述的词汇。为解决这一问题，第二次教学实践中，教师不再是先让学生理解语言、文化，最后孤立地归纳体现出的情感，而是将情感分析与语言知识及文化知识学习相融合。教师在学生语言及文化知识理解基础上，通过问题引领学生思考和概括，引导学生通过梳理描述庆祝活动的词语分析隐含的作者情感。例如，在阅读第三段语篇时，教师提问学生“What did they do on Christmas Eve? How did they decorate the Christmas tree? …”，引导学生先关注事实性细节信息，然后在此基础上追问“What feeling can you sense from him? How did he feel?”，引领学生关注作者流露出的情感(见图 3-4)。通过这种方式，在每部分圣诞活动的梳理之后附上对作者情感的归纳，最后形成对作者关于圣诞节完整情感的理解。教学活动以三条教学主线贯穿：按时间顺序的圣诞节庆祝活动、庆祝活动展示了西方圣诞节怎样的文化习俗、不同时段庆祝活动的描述体现了作者怎样的情感，三条主线互相融合，促进学生对主题意义的理解。

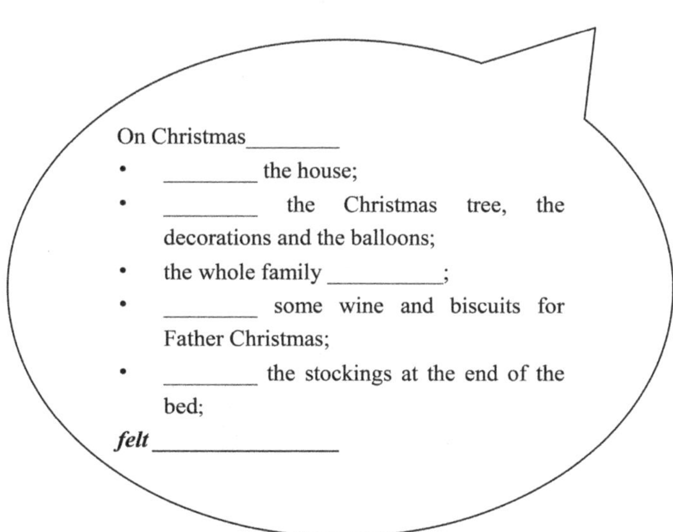

图 3-4 促进主题意义理解的学习活动设计

(五)促进对主题意义理解的充分表达

访谈中有学生提到在最后的输出时“总觉得我过的节日都没那么有意思，想不出来说什么”。由此可见，学生在将所学内容与自我经历建立联系时存在一些困难，需要教师的引领和支架性支持。因此，在第二次教学实践中，输出环节，教师先分享了一个自己印象深刻的节日作为示范(见图 3-5)，然后和学生共同归纳出输出表达的语篇框架(见图 3-6)，使学生明确输出活动内容要求，请学生自己画出将要分享的节日的思维导图，小组内分享，最后请学生代表在全班分享。教师的示范和支持激发了学生的思维，提升了学生产出表达的自信心和积极性。在教师的示范下，学生们充分分享了元宵节、中秋节等自己印象最深刻的节日活动以及情感。

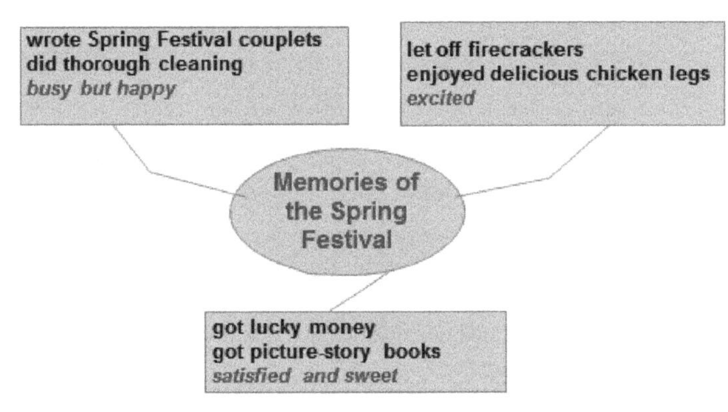

图 3-5 教师对描述印象深刻的节日及情感的示范

Share some Memories

Memories of the _____ Festival

This Festival always brings me ___________ moments. I still remember how I spent the Festival that year.

Before the Festival , ...(feeling)
On the Festival Eve, ...(feeling)
On the Festival Day, ...(feeling)

图 3-6 输出表达框架

通过以上教学改进对比分析，可以看出，实施基于主题意义探究教学的关键因素有：紧扣学情，基于学生探究的难点和兴趣点组织教学；实施整合性教学，促进语言、文化、主题意义理解的融合；宏观架构和教学细节并重，促进语言内化；恰当设计和实施输出任务，促进对主体意义的产出性表达。总之，整合性教学、知识结构化、语言内化、输出任务的恰当设计及实施，对促进学生主题意义的探究起着重要作用。

第四节　写作教学实践策略

一、以学生为中心的理念与学科核心素养培养

随着核心素养的提出，教学更加重视学生的体验、自主探究、知识建构，更加重视学习能力的培养。李爽、陈丽(2011)指出，以学生为中心的教学倡导教师站在学生的角度，考虑如何帮助他们更好地进行学习。例如，学生学习的目标是什么，需要学习什么样的内容，什么样的学习方式更好，该创设什么样的学习环境，该如何进行学习评价等。李爽、陈丽(2011)认为以学生为中心的教学有六个原则：(1)学习目标更重视能力培养，且兼顾学生的差异；(2)学习内容联系学生生活，有机整合学生的需求与经验；(3)学习活动给学生一定自主权，提供多样化的学习经验，促进深层次学习；(4)构建激励和支持学生意义建构的学习环境；(5)学习评价以促进和改善学习为目标，鼓励学生参与评价；(6)教师是学习的引导者、促进者、组织者与管理者。以学生为中心的教学有助于自主、合作、探究式学习，促进学生学科核心素养的发展。"以学生为中心"不是一个新兴的概念，但是，老师们对于如何将"以学生为中心"的理念落实在课堂教学中仍有着很多困惑。

本节将结合英国大使馆文化教育处(British Council)的英语教师培训专家Leath Traill所做的一节初中二年级过程写作示范课，从教学目标确立、过程写作教学内容设计、教学活动组织和同伴互评等方面分析如何将以学生为中心的教学理念真正落实到英语课堂教学中，提高写作教学有效性，实现学科核心素养发展。教学内容为北师大版教材(2014年版)八年级上册 Unit 6 The Unexplained 中 communication workshop 部分。本单元的话题是动物本能、怪异生物、做梦的科普知识。主要教学目标是能够用本单元学习的词汇及语法在口语和书面表达中谈论奇异的事情和动物，或自己做过的奇怪的梦。本课时教材教学内容共有五部分，主要是通过阅读学习"a strange dream"和"interesting animals"两个语段，能够描写奇异的梦境。授课教师基于对教材和学生的分析，对教材内容进行了整合，将学习主题确定为写一篇关于 A strange dream—a walk in a forest 的英语文章。主要教学目标为本节课结束时，学生能够写一篇介绍奇怪梦境的英语文章，体验和实践过程写作法的四个基本步骤：计划、草稿、反馈和修改定稿。辅助教学目标为学生能够练习运用本单

元学习的词汇和语法结构，例如，描述神秘现象的形容词、过去进行时。

二、教学过程

Step 1：话题引入

上课伊始，授课教师在简短的自我介绍后，引出了本节课的主题是：A strange dream—a walk in a forest，并与学生分享了学习目标，让学生明白本节课的任务是写一篇与森林有关的怪异梦境的英语文章。每人需要选择森林里发生的不同事情，因此，每人文章的内容都应该不同。教师与学生进行了以下口语互动交流：

T：Try to remember，have you ever dreamed about a forest? Anybody? No?（可能因为学生与外教第一次见面，又有几百名老师进行观摩，也或许因为真的没有学生梦到过森林，没有学生进行回应）

T：I have dreamed about the forest，it was big and dark. Has anyone ever dreamed about an animal?

（此时有些同学举了手）

T：What animal did you dream about?

S1：I dreamed about a snake.

T：What did you do with the snake? Did you fight? Did you run away?

S1：The snake died.

T：Thank you very much Jack. Has anybody else dreamed about an animal?

S2：I dreamed about a tiger.

T：A tiger，and what happened?

S2：It was running after me.

T：Very good，thank you Shirley.

授课教师又用同样的方式询问了是否有学生梦到了建筑物，建筑中正在发生什么样的事情等。

【设计意图】

本环节使学生一开始就明确学习目标，并建立话题与学生个人生活的联系，激发学生对话题的兴趣，为下一步的头脑风暴活动做好铺垫。

Step 2：头脑风暴

授课教师让学生假设自己做了一个发生在森林里的梦，森林里有动物、建筑物等，引导学生从以下六个方面进行关于梦境细节描述的头脑风暴：

①What was the forest like?

②What kind of animal was it?

③What happened between you and the animal(the action)?

④What was the building?

⑤What was on the table in the building?

⑥What happened in the end?

全班学生分成六个小组，每个小组讨论其中的一部分，时间为三分钟，任务是想出十个左右能够回答问题的描述性词语。学生讨论后，授课教师引领学生进行反馈：

T：OK，and time is up，I want you to listen to and help the other groups. Group one，the words to describe the forest.

G1：Dark. /Dangerous.

（授课教师以思维导图的方式板书学生说出的关于描述森林的单词）

T：Be quick，just tell me more.

G1：Wet. /Beautiful. /Empty.

T：One，two，three，four，five. Fivemore，can you help，guys? Five more words.

（授课教师带着学生数了数已说出的单词个数，并鼓励其他组的学生再补充五个或更多的描述森林的词汇）

S(in other groups)：Cold. /Windy.

T：One，two，three，four，five，six，seven. Come on，everybody，any more?

S：Fine.

T：Yes，fine. And mysterious.

（授课教师板书学生补充的单词后环顾全体学生，看到没有学生再补充了，就主动补充了 mysterious 一词）

授课教师以同样的方式引导其他五个组的学生反馈了所想出的词汇并进行板书。

【设计意图】

授课教师通过六个关于梦境的问题帮助学生打开话题思路，并通过头脑风暴激活学生的已有知识，同时兼顾学生的差异，为不同层次的学生更好地完成写作任务做好词汇和观点表达方面的准备。

Step 3：列提纲

授课教师用PPT展示了文章框架，并口头示范如何依据头脑风暴活动列出的词汇和短语，从Forest、Animal、Building和Ending四个维度描述故事。

Forest：

- Who：
- What was the forest like?

Animal：

- What kind of animal?
- What happened with the animal?

Building：

- What kind of building? Describe it：
- What was on the table?

Ending：

- What happened in the end?

然后，授课教师给学生两分钟时间，请学生在学案上依据框架列出自己文章的内容大纲。要求只用单词和词组，不用写出完整句子。在学生列提纲期间，授课教师在教室里来回走动，观看学生写下的内容，并单独给予指导。以下是一位学生的提纲内容：

Forest：

- Who：a little girl
- What was the forest like? dark，windy，rainy

Animal：

- What kind of animal? a tiger
- What happened with the animal? the tiger ran after her

Building：

- What kind of building? Describe it：an old house
- What was on the table? a piece of bread

Ending：

- What happened in the end? help a woman do housework

之后，授课教师请学生两人结对，根据提纲互相用完整句子进行口头故事描述，并规定如果故事有不清楚的地方可以向对方提问，并在开展结对活动前请了两位学生做示范。

【设计意图】

教师引导学生在动手写文章之前先进行有效的构思，并让学生结对合作梳理自己的主要观点，注重对学生列提纲习惯的培养。

Step 4：快速写作初稿

在这个环节，授课教师让学生在七分钟的时间内根据提纲尽可能快地在学案上写出文章的初稿。学案如下：

First draft

I had a strange dream. I was walking ______________________________

____

____

Then ____

____

____

After that ____

____

____

Finally ____

____

____

老师严格要求时间，并强调写作时以观点表达为主，不需要考虑语法的准确性。在学生开始动笔之前，他以一个学生的提纲为例，口头做了示范。学生写作期间，授课教师巡视并给予学生指导，例如，提示学生写作时参考自己列出的提纲和要点。以下是一位学生的初稿（未做任何修改）：

I had a strange dream. I was walking in a beautiful forest by myself. There are many birds chirping. It seemed like nothing could go wrong. But suddenly, a pair of dark eyes appeared in front of me. It was a puma. I was scared at first.

Then I calmed down when I thought about what my mom taught me: not to be afraid. So I became good friends with the puma. It protected me all the way.

After that, we arrived at a castle. We went in and saw a small table. There is a key on the table.

Finally we found a chamber storing all kinds of clothes, and the key we found is the key to the chamber. We were very happy. Then I woke up.

【设计意图】

让学生将自己的提纲和观点转换成书面的句子，写作过程中不要受词汇和语法的准确性问题的干扰。强调这个环节最重要的一点是先将句子写下来，后面再进行修改。培养学生根据提纲进行写作的能力，强调进行初稿写作时最重要的是观点的表达，而不是词汇和语法的准确性，注重对写作交流能力的培养。

Step 5：同伴反馈

接下来授课教师让学生互相交换文章阅读，并进行同伴间的反馈，将反馈结果填写在文章的下侧。首先，他在PPT上展示了评价的五点标准：

1. Is there an introduction and ending?

2. Does each paragraph talk about the correct thing (e. g. forest, animal, action, thing on table)?

3. Did they use narrative tenses (past simple & past continuous)?

4. How many adjectives have they used?

5. What did you like about the story?

然后，授课教师以一位学生的文章为例示范如何根据标准进行评价。学生开始同伴反馈。对于前文提到的那篇作文初稿，同伴给出的反馈结果如下：1. Yes, 2. Yes, 3. Yes, 4. 6(文中使用了六个作定语的形容词), 5. She became good friends with the puma.

【设计意图】

让学生反思并改进文章第一稿中出现的典型宏观层面的错误，例如文章结构、文体需要的正确时态等。通过让学生互相阅读彼此之间的文章，能够使他们具有读者意识，明白写作的目的和意图，并能够互相学习彼此间写作的优点。引导学生成为评价的主体，培养学生形成正确的评价意识和能力。

Step 6：总结和反思

授课教师请全体学生共同总结能够有效进行写作的步骤，并展示在PPT上：

1. Brainstorm

2. Planning

3. 1st draft

4. Feedback

5. 2nd (or Final) draft

授课教师再次强调每步实施的注意事项，如进行初稿写作时需要快速写出观点，此时语法和拼写不是最主要的。之后，授课教师告诉学生大家写的故事同时是对自我性格的测试，不同的梦境代表不同的含义，并在PPT上展示了以下内容：

Person =Someone special to you

Forest =Your current view on life

Size of building =Size of your ambition for the future Thing on the table = What you wish for in the future (e.g. if there is money on the table you want to be rich)

授课教师解释说如果梦到黑暗、恐怖的森林，代表着你最近可能心情不太好，如果梦到大的动物，代表着你可能在考试等方面遇到比较大的问题，如果梦到小的动物，代表着你遇到小的问题，如果梦到花，代表着你会有浪漫的事情发生等。学生听到这里时哄堂大笑。

【设计意图】

引领学生进一步明晰写作步骤，掌握过程写作策略。因为不经过这样的训练，学生无法准确使用这些写作步骤。同时通过性格测试拉进写作话题与学生生活经验的联系，激发学生未来对写作的兴趣，体现教师的引导和促进作用。

三、评析与启示

以学生为中心的理念下，教学不再是教师的独角戏，教师应明确“以学生为中心”教学中的三个维度：学生学习什么以及学习的内容对人才培养目标的达成；怎样使用恰当的方法、活动资源教学生；怎样评价学生是否达成学习目标(朱欣，2012)。以学生为中心的教学强调调动学生学习的主动性，教师在设计和实施以学生为中心的教学中常常会面临更大的挑战。外教执教的这节过程写作课充分体现了以学生为中心的理念在写作教学实践中的落实。启发我们如何在英语教学中体现学生的主体地位，发展学生的学习策略，培养学生的语用能力，真正做到以学生为中心，解决教学低效问题，促进学生学科核心素养发展。

(一)学习目标设计注重写作过程中学生写作策略的提升

《义务教育课标》提到三至五级写作教学目的是培养学生能够基本连贯地表述与表达事实、观点、情感，乐于用书面语言表达，形成基本的写作能力。因此，诸如整理思路、组织素材、列出提纲、起草文章、修改文章等有效写作的方法与技巧是初中学段写作教学的主要目标之一。

目前，中学英语写作教学存在的一个主要问题是对学生写作习惯和写作策略，特别是对写作元策略的培养缺少细致指导。当前的写作教学多是以教师对范文框架结构的解析，主要句型和词汇的讲解和操练开始，然后让学生一气呵成写出文章。这使得学生不知如何进行写作，写作过程痛苦。本节课主要教学目标定位在帮助学生掌握过程写作方法。李文玉(2010)指出过程写作法的基本原则是把重点放在制订计划、寻找素材、撰写草稿、修改、最终成稿等写作过程和技能上。本节课，授课教师通过精心设计的环节，引领学生体验过程写作法的步骤，帮助学生掌握写作策略，而不仅仅是完成一篇特定文章的写作。课后笔者随机访谈了部分学生，有学生说到“在这节课上我感到写英语文章很容易，不像以前的课上总感觉写英语文章很难”。当问到本节课的最大收获时，有学生坦言“从这节课，我学到了如何写英语文章，如何构思，如何修改。我会了一些写作的方法，这是和以前写作课最大的区别”。本节课的教学目标真正以培养学生的写作能力为出发点，符合以学生为中心的理念。

(二)学习内容设计恰当整合学生的已有经验和需求

1. 教学活动内容联系学生生活

以学生为中心的教学强调充分利用学生已有的知识和经验，激发学生积极参与学习过程。本节课授课教师从一开始就引导学生谈论自己曾做过的与森林、动物和建筑有关的梦，从多个维度建立起话题与学生生活间的联系。随后又通过头脑风暴活动总结学生关于话题的已有词语知识，为学生在写作中实现个性化表达做好铺垫。最后的性格测试，进一步将学生的经验与所学内容建立起关联。笔者课后问学生对本节课最喜欢的部分时，学生一致表示是自我性格测试。学生认为不同的梦境和想象代表不同的含义很有趣，通过写作内容增加了对同伴的了解。

2. 学习内容符合学生写作认知需求

以学生为中心的教学提出教学应考虑学生的需求和学习偏好。梁晓晖(2015)提出写作思维可以界定为贯穿写作过程的三个层次——宏观层次思维、次宏观层次思维、微观层次思维。宏观层次思维指的是对文章进行总体构思，即“怎样想”，次宏观层次思维涉及“想什么”，微观层次训练学生掌握语言细节的思维能力。因此，写作教学可以从这三个层次进行分步培养。根据笔者对一些老师写作教学的观察，发现有些老师缺少对学生宏观思维到微观思维的全面培养。本节课授课教师能够准确把握学生的写作困难和需求，并恰当地为学生做好写什么和如何写的铺垫。授课教师将话题设定为发生在森林里的奇怪梦境，通过与学生谈论自己做过有关森林、动物等的梦，引出本节课话题的宏观内容框架。通过追问森林是什么样的，当时和谁在一起等，引导学生思考次宏观层面的细节。然后通过头脑风暴活动，为学生做好微观层面需要的词汇和短语准备。最后逐步引导学生列提纲、写草稿、完成初稿和进行同伴反馈。教学内容和步骤符合学生写作的认知思维。当然，授课教师也可以通过阅读范文进行语篇结构分析的方式，培养学生对文章进行总体构思的宏观层次思维。但在阅读范文仿写教学中进行次宏观层次思维训练时，教师一定要通过恰当的活动引导学生提出自己关于话题的真实想法和观点。否则范文仿写教学在很大程度上会限制学生的思维和想象力，使得写作流于形式，学生作文雷同，基本是对范文的改写，缺少个性化以及真实思维的表达。

(三)学习活动设计有助于充分发挥学生主体作用

以学生为中心的课堂教学强调教师充当学习的促进者，而不是知识的呈现者。本节课中，授课教师在导入、头脑风暴、同伴反馈环节多次组织结对学习和小组学习，充分发挥了学生的主体地位。同时教师充分利用学生作品作为资源和示范。例如，在让学生进行同伴反馈时，教师以一位学生的作品示范如何进行评价反馈等。

(四)学习评价设计科学、具体，有利于学生积极参与

1. 采用同伴互评方式

研究表明教师重视学生互助性写作，尤其是相互检查能提高学生对自己作文的评价能力和对自己写作中优缺点的认识，增强学生对自己作文的责任感，同时促进学生对自己写作的监控和反思能力(黄滢、陈建平，2006)。本节课授课教师采用同伴互评方式，增强他们的读者意识，明晰写作目的和意图，同时促进同伴间的相互学习。

2. 评价标准具体可操作

在同伴互评时授课教师给出的评价标准非常具体，例如文章是否有开头和结尾，使用了几个形容词等，能够让学生明确如何评价同伴文章，同时反思自己的文章是否符合标准。很多中国教师也很重视评价环节，但给出的评价标准多很空泛，如结构清晰、语言准确、时态正确等。这种笼统的标准使得学生不知道具体如何实施，造成评价流于形式。本节课授课教师除了给出具体可操作的评价标准，也鼓励学生提出自己的想法：例如，你喜欢这篇文章的哪些地方？鼓励学生勇于表达自己的观点。

3. 评价内容重语用而非语法

姜英杰等人(2003)提出，国外对写作成绩高分者和低分者的对比研究表明两者对写作目的有不同看法，写作成绩高分者认为写作的目的是用流畅和清晰的方式与读者交流，而写作成绩差的学生认为写作的目的是写出语法正确的完美文章，而不是为了和他人交流信息。因此，教师制订的写作标准应将学生的交流能力而不是语法的正确性放在第一位。过度强调语言的正确只会让学生误解写作的真实目的。本节课中授课教师在学生写作初稿时反复强调不要受词汇和语法问题的干扰，最重要的是呈现自己的观点。评价时也侧重强调文章结构、文体等，关于语法的评价关注的是使用正确时态的意识，而不是准确性。当然，这并不是说语法的准确和词汇的拼写不重要，只是强调授课教师在学生写作初稿时不要引导他们因为过度关注语法和词汇的准确而影响了观点的表达，学生可以在后续修改时再多关注语法和词汇的准确性。刘芳(2013)认为，有助于写作元认知知识的教学内容和活动有两种，一是帮助学生熟悉英语写作过程，采用过程教学法，注重对写作策略如头脑风暴、修改等的学习，二是写作评价标准要以文章的流畅性和清晰取代语法的正确性成为首要的评价标准。

本节从教学目标设定、教学内容设计、教学活动组织，以及评价方式四个方面，分析了如何真正将以学生为中心的理念落实在英语写作教学实践中。以学生为中心的教学关键在于，设计和实施教学时坚持从学生需求和学习规律出发，在参考以学生为中心的教学原则时，教师可以依据具体情况进行适当调整，避免为盲目追求学生的自主性而影响教学效率。如果要使学科核心素养培养不再只是一句口号，而是真正在课堂教学中落地生根，就需要教师的整体精细化设计和实施。

第五节　复习课教学实践策略

一、复习课的重要性

复习课的教学是日常教学的一个重要部分。它不但可以弥补学生知识上的不足，温故知新，而且能使学生将已掌握的知识系统化，提高学生综合运用知识的能力(张久国等，1994)。很多教师认为复习课最难上，效果很不理想。这是因为对复习课缺少正确的认识和定位。复习课的任务是通过复习将知识变部分为整体，变识记为运用，变孤立为关联。在复习的过程中帮助学生对学过的知识进行归纳梳理，将分散、零碎的知识进行纵横联系，及时查漏补缺。但很多教师认为复习课就是以往知识的“重现”，把学过的内容重新理一遍，或将学生投入题海之中，反复地让学生做各种复习题，全体学生“齐步走”，体现不出学生的能力差异。久而久之，学生对复习课失去了兴趣，复习课的实效也无法体现，对学生的学习没有起到提升作用。基于对以上问题的思考，笔者尝试解决：如何提高学生上英语复习课的兴趣？怎样才能在复习课上帮助学生及时查漏补缺，真正提高小学生的英语学习能力？笔者结合指导过的一节四年级北师大版《小学英语》(2007)复习课的三稿教学设计修改过程，探讨上好小学英语复习课的主要原则：归纳梳理学生欠缺的知识，抓住复习重点；确定复习主线，整合教材内容；针对学生差异，设计多层次学习方案。

二、课例介绍

北师大版《小学英语》是按新课程理念编写的教材，强调教师与学生的互动，更强调学生的能动性、创造性的发挥。教材每册书分六个单元，包括五个话题单元和一个复习单元。授课教师本学期的授课内容为北师大版先锋英语四年级下册(第七至十二单元)。教材中的五个话题分别是“一周的生活安排”、“询问和回答具体时间点”、“某时间段做某事”、“提建议”和“计划做某事”。第十二单元是对前五个单元的复习与综合运用，共四课时，分别是：故事复习、语音复习、句型复习和习题操练。授课教师实施的课例是第十二单元复习课第三课时，为句型复习课。本课时的教材内容包括三个版块：talk together、listen and number、read and match。复习的主要句型有：提建议“Shall/Can we… Let's…”；询问和回答计划“What are you going to do? I am going to… ”；表达某人某天做某事“I do… on…”。

《义务教育课标》强调英语课程要面向全体学生，关注每一个学生的情感，激发他们学习英语的兴趣，帮助他们建立学习的成就感和自信心，使他们在学习过程中发展综合语言运用能力，突出学生主体，尊重个性差异。本着这一理念，以及提高复习课效率的思考，授课教师进行了一节整合小学英语复习课的课例研究。授课教师与指导教师组成的研究共同体进行了多次教学设计和课堂实施尝试，针对复习课讲授存在的问题进行不断改进，归纳提炼上好小学英语复习课的经验和原则。

三、研究过程

授课教师前后进行了三稿教学设计和两次课堂实践。

1. 第一次教学设计

授课教师进行的第一稿教学设计，将教学目标定位在：1. 学生能够通过复习正确运用提建议的句型“Shall/Can we… Let's…”和一般现在时的第三人称单数形式进行口头交际；2. 学生能够表述具体时间、听懂天气情况介绍、说明计划和打算。授课教师将教材内容进行了大胆地删减，只复习 talk together（会话）和 read and match（阅读连线）部分，省略了 listen and number（听力排序），并将教学情境设计为 Ken's busy week。主要教学环节如下：

(1)热身活动，激发兴趣

通过演唱教师创编的歌曲“She's Our Teacher”来介绍授课老师，目的是与学生进行互动，拉近师生之间的距离。

(2)阅读材料，简述故事

本部分对教材中的 read and match 进行了整合式处理。首先，引出主要人物 Ken，让学生预测 Ken 做的事情，同时呈现句型“He wants to…”，使学生注意动词的第三人称单数形式，继而关注阅读部分的所有图片。然后，布置阅读任务，提出阅读要求，指导学生阅读之后进行图文连线。阅读完毕，在核对答案的过程中，教师给出朗读策略，指导学生朗读对话材料。最后，老师带领学生根据板书中呈现的 Ken 一周的主要活动图片，讲述 Ken 忙碌的一周（Ken's busy week），目的在于引导学生用第三人称单数讲述主人公做的事情。

(3)书写周记，表述生活

先由教师示范一篇周记，运用第一人称表述教师一周通常做的三件事情。然后，再让学生试着运用第三人称说一说老师通常所做的事情。目的是让学生熟练两种人称的转换。接下来请学生书写周记，表达自己一周经常做的三件事情，再与同组同学共同分享、说一说自己的周记，操练第三人称单数的形式。最后，展示两篇学生的周记，总结并布置作业。

教师自己的周记如下：

I always go to the supermarket on Wednesday. I usually visit my grandparents on Friday. I go to the park on Sunday.

【设计意图】

第一次教学设计，授课教师尝试颠覆固有的“教教材，完成教材上的内容”的传统做法，努力实践“用教材教，达成教学目标”的理念。同时，授课教师将教材上的板块进行了删减，并增加了写的内容，目的是使教学内容聚焦，重点提升学生的综合语言运用能力。

【问题分析】

经过研讨，发现第一稿教学设计存在以下问题：

(1)教学目标不明确

第一稿教学设计目标模糊繁杂，要求学生能够表述时间、听懂关于天气情况的介绍、说明计划和打算、运用句型交流、借助图片理解故事。各个方面都想作为教学目标，没有突出本课时复习课的教学重点。

(2)教学活动缺少针对性

从教学目标的确定来看，没有考虑学生的差异，而是按照统一标准设计教学任务，缺少查缺补漏的针对性和必要性，未能体现复习课的特征。

(3)教学方法单一

教学方法的使用比较单一，主要以老师示范、学生学习、小组交流的模式进行。

出现以上问题的原因在于授课教师一直认为复习课就要把教材上的每一个练习都讲解到位。指导教师启发授课教师思考两个问题：①复习的真谛是查漏补缺。在复习课上通过恰当的学习任务帮助学生补全知识上的缺漏，提升语言的综合运用能力，才是复习课的主要目标。②教材本身的编排是否适合自己班的学生？是否符合学生的实际学习现状？是否有必要对某些教学活动进行调整或改编？

带着合理整合教材、提高复习课效率的想法，授课教师进行了第二稿教学设计，并进行了教学实践。

2. 第二次教学设计及实践

授课教师仔细研读了教材，分析了整个单元的教学内容，依据日常教学中对于学生知识掌握情况的观察和分析，重新将第三课时的教学目标定位为：(1)通过复习，学生能够准确使用一般现在时的第三人称单数形式谈论日常活动；(2)学生能够使用提建议的功能句谈论建议做什么的话题。整节课创设一个大的情境，由原来讨论一周的活动安排浓缩成谈论某人的一天，主题设计为 Ken's busy day。主要教学环节如下：

(1)以教师和学生们的语言交流，猜一猜 What do they do on Sunday? 开始，通过观图猜、听音猜、语言猜，复习表达一天活动的动词词组，为学生后面的口头表达提供语言支撑。

(2)呈现教材第二版块听音标号的六幅图片(图 3-7)，让学生全面观察图片，并描述图片上的人物周日都做了什么，完成听音标号的活动。在核对答案过程中，针对重点的几幅图片(图 3-7)，引导学生说出动词的第三人称单数形式，并呈现第三人称单数形式的词组。目的是让学生关注第三人称单数形式与其他时态形式上的不同。

(3)以听力图 3-8 为话题，让学生观察图片，思考以下问题 When does Ken go to bed? How about you? 课前授课教师做了一个简单调查，了解到学生们大多在晚九点至九点半之间睡觉，而图中的 Ken 八点半就上床睡觉了。授课教师建议学生应该早点睡觉，顺势引入下一个环节——会话交流，操练提建议的句型。

(4)授课教师在与学生谈话的过程中，通过课件展示了打雷和阴天的图片，学生立刻进入创设的情境。笔者请学生给 Ken 提建议：在阴雨天可以做些什么？以此导入教材第一板块中的对话片段(图 3-9)。在复习会话时，授课教师将教材上三个较为孤立的对话整合成一篇有情境的故事：

图 3-7

图 3-8

图 3-9

It's Sunday today.

Mocky：Hi，Ken and Ann. Shall we go to the park?

Ken：No，we can't. It's going to rain.

Ann：Let's watch a video then.

So they watch a video at home. They have lunch at one o'clock.

Ken：It's 4：30 now. Let's go and visit Uncle Booky，Ann.

Ann：No，we can't. He always goes to the library in the afternoon.

And then Ken and Ann do their homework together.

Mocky：Hello. Where are you going?

Ken：We are going to the movies.

Mocky：Can I come，too?

Ken：Yes，you can.

At last they go to the movie theater.

在朗读和表演环节，教师让学生在小组里戴上手偶，用手偶指读对话部分文字，并给书上的三段对话加上旁白：

[旁白一]

It's Sunday today.

[旁白二]

So they watch a video at home. They have lunch at one o'clock.

[旁白三]

And then, Ken and Ann do their homework together.

[旁白四]

At last they go to the movie theater.

授课教师将整个语篇整合成四人小组活动。课堂的形式要为内容服务，笔者将教材上这几段毫无联系的对话加以旁白进行整合，形成一篇生动的语篇故事。在课后的调研反馈中得知，学生们非常喜欢这个手偶指读的环节，它突显了学生朗读时的角色感，并帮助学生真切体会到了完整的故事情节。

(5)授课教师将教材上原本的阅读材料也整合成会话素材，承接前一个环节中的最后一句话“They go to the movie theater.”，引出教材第三板块中的图(见图 3-10)。

Ann：There is a new movie at the movie theater. Let's go and see it.

Ken：What's the name?

Ann：It's *The Monkey King*.

Ken：Great! Let's go together.

Mocky：Can we go home by bus?

Ken：No, we can't. We don't have enough money.

Mocky：Let's call your Mom.

教师让学生预测电影好不好以及电影的名字是什么。师生朗读之后得出结果，再呈现本板块中的另一幅图(见图 3-11)，让学生充分观图，运用老师给出的框架创编对话：

Mocky：There is a new movie at ________ . Let's go and ________ it.

Ken：What's the name?

Ann：It's ________ .

Ken：Great!

教师启发学生想象有可能提出的建议和有可能做的事情。最后呈现一幅图(见图 3-12)，并给出简单的对话框架：

Mocky：Shall we go there ________?

Ken：That's a good idea. But ________ .

Mocky：Let's ________.

图 3-10

图 3-11

图 3-12

(6)学生两人一组自由发挥创编会话，授课教师由带到放，让学生逐步去发散思维。同时为学困生搭建台阶，让他们根据老师给出的框架运用语言交际，学优生则在老师的引导下自由发挥，展开联想的空间进行口语表达。以下是学生的课堂生成：

[第一组]

Student A：Shall we go there by taxi?

Student B：That's a good idea. But we don't have enough money.

Student A：Let's go on foot.

[第二组]

Student A：Shall we go there by subway?

Student B：That's a good idea. But we don't have enough money.

Student A：Let's ask mom for help.

[第三组]

Student A：Shall we go there on foot?

Student B：That's a bad idea. I'm so tired.

Student A：Let's go by taxi.

(7)课堂小结

回归到课堂伊始谈论 Ken 的一天的活动中，语言上，教师重点呈现动词的第三人称单数形式；内容上，教师整节课做到首尾呼应。

【问题分析】

经过第二次教学设计的修改，教学实施取得较好的效果，学生的交流自然流畅，教学活动受到学生的喜爱，学生整节课表现出较高的学习兴趣。但是根据指导教师和同伴的课堂观察，教学设计和实施过程仍有需要改进的地方。主要体现在以下方面：

(1)对动词第三人称单数形式的强调不够，仍是学生表达的难点授课教师在听音描述图片过程中应该给予适当的文字提示，甚至可以给出整句文字提示，以指导学生注意第三人称单数动词的变化。在复习第三人称单数形式时，不应该只注重动词的变化，还应该把人称的特点提示出来，让学生发现人称是 he/she 时动词发生了变化，让学生形成整体运用语言的意识。这样，在最后整体输出环节，学生的表达就能够准确、到位。

(2)板书设计不够到位

本节课的重点是提建议的功能句和动词的第三人称单数形式。板书中只体现了提建议的功能句，对动词的第三人称单数形式却没有呈现。这样学生表述第三人称单数的时候没有可视的语言支撑，也没有突显本节复习课的重点内容。

(3)活动的开放度不够

在会话训练和运用句型环节没有给学生充分的拓展空间，语言知识呈现的形式拘泥于教师给出的框架，造成学生最后的展示会话环节的语言输出比较单一，未能体现出学生的差异性。

基于本次教学实践的研讨和反思，授课教师再次改进了教学设计，并再次进行了教学实践。

3. 第三次教学设计及实践

几点主要改进：

(1)听音标号复习句型环节

听力结束后，教师指导学生复现录音内容，并纠正学生出现的动词第三人称单数形式的错误，同时课件中呈现第三人称单数形式的句型。与此同时，在引导学生复习第三人称单数形式的时候，在副板书中给出单数第三人称和动词的变化形式，如：She watches…. 以增强学生在口语表达时注意第三人称单数形式的意识。

(2)拓展训练，运用句型环节

教师首先在讨论问题“What's the movie's name?”后，用 PPT 呈现电影《美猴王》的海报，帮助学生理解 Monkey king 的意思，达到以图释义的目的。接着，在拓展练习对话环节，先让学生关注图片人物的表情，预测对话内容，再给出语言框架，让学生去发挥自己的想象力，填充对话内容。在这个活动中，使学困生能有语言的支持，说出要表达的内容。然后逐步加大活动的开发性，最后一个拓展练习，只给出图片，不给任何语言框架，让学生自己去任意发挥。在这个自主创编活动中，使学优生能发挥自己的长处，展开想象自由表达。

(3)板书设计的改进

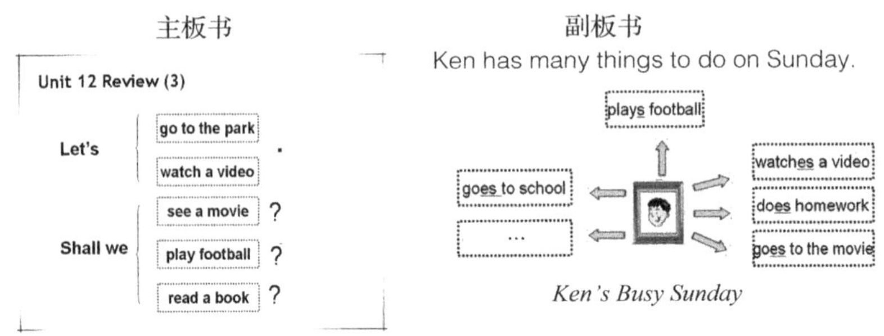

图 3-13

授课教师通过设计主板书和副板书(图 3-13)，突显本节复习课的两个要点：提建议的功能句和第三人称单数形式，使学生明确自己的复习目标，同时为学困生的表述提供了语言支持。

【教学反思】

授课教师经历了一节小学英语复习课三次教学设计修改、两次教学实施改进的过程，对如何上好复习课有了深刻的认识。复习课的主要目的是梳理学生已会知识，巩固学生欠缺知识。在设计复习课的过程中，教师要有效地整合复习课内容，在把握复习主线的基础上突出重点，用好教材内容，注意知识的拓展和综合运用。一节好的复习课要能在帮助学生复习、梳理和巩固知识的基础上有所拓展，帮助学生在现有基础上提高能力。

四、上好小学英语复习课的原则

复习课是课堂教学必不可少的教学内容。通过复习，引导学生把教材中的各部分知识进行系统地归纳整理，形成知识网络，达到巩固提高、融会贯通的目的。新课程倡导“主动参与，乐于探究，交流合作”的学习方式，实现学习方式多样化。转变传统复习方式的理念，有利于学生的发展。通过本次课例研究，笔者归纳了上好英语复习课的几个原则：

(一)合理制订复习目标，抓住复习重点

复习课是老师帮助学生复习、巩固学过的知识，提高运用知识解决问题能力的过程。教师在上复习课之前，需要认真分析教材内容，分析学生掌握所学知识的程度，结合学习重点和学生知识掌握的薄弱点合理制订复习目标，并选择有效的教学活动和方法达成目标，促进学生核心素养的发展。按照循序渐进的原则，结合学生的实际情况，科学安排时间，合理设计内容，抓住

每节课的复习重点，而不能将复习课等同于做题、核对答案。复习课除了将听、说、读、看、写训练贯穿于整个复习过程之中外，还应把所学知识进行梳理、总结、归类、巩固、实践，提高复习效率。每节复习课可以主要抓住两三个重点和难点，再带动学生将已经掌握的知识进行串联，把分散的知识系统化和条理化，帮助学生建构清晰的知识网络。授课教师在设计本次复习课之初，也是设计了四五个复习重点，但通过教学实施发现，过多的重点只能使学生“蜻蜓点水”，每个知识点复习得都不透彻。所以，在课堂短短四十分钟内抓住两三个复习重点，帮助学生梳理学过的知识，可以提高复习课的质量。

(二)确定复习主线，恰当调整教材内容

《义务教育课标》要求老师“用教材去教”而不是“教教材”。通过此次复习课进行的多次教学设计调整和课堂实践，我们总结出教师在上复习课时，不能僵化地依据教材实施教学，而应该从内容、结构、方法、进度及复习重点等角度对教材进行必要的整合调整，对教材资源进行适当的延伸、拓展和删改。

1. 教材资源的延伸和拓展

积极开发和合理使用课程资源是英语课程实施的重要组成部分，复习课教师更需要仔细研究教材编写的意图，制订适合学生的教学目标，提高课堂效率。例如教师在最终的教学设计中将听音标号的教学活动拓展为描述图片中人物做的事情，复习运用了第三人称单数形式。教师还将教材中的三个会话素材通过加以旁白的方式整合成一篇故事，使之更有情节性，体现语言的综合性。教学活动的设计可以源于教材，但不是照本宣科地搬运教材。教师要善于把零散的教学内容进行有机整合，使复习内容主题化和结构化，重点突出。

2. 教材资源的适当删减

上复习课时，教师可以对教材中某些不符合复习目标或学生实际情况的内容进行适当的删减，让复习更聚焦重点和难点。如笔者第三稿教学设计中删除了阅读内容，将阅读部分与本节教学目标相呼应的几张图片作为学生的会话情境和素材，让学生进一步操练了提建议的功能句型。教材内容删减时应注意：不能随意删减教材内容，应基于对学生已会知识和欠缺知识详细调研的基础上进行。

3. 教材资源的顺序调整

教师可以根据复习的需要调整教材中部分环节的顺序，重新安排课时甚至单元教学内容的顺序。如笔者为了课堂情境的合理和学生的兴趣，先进行了教材中的第二部分内容的教学，再回到第一部分。经过这样的顺序调整，使课程更具完整性和层次性，提高了学生的学习兴趣，也有助于学生理解和运用语言。

4. 教材资源的功能改编

由于学生水平的差异，复习目标的侧重点不同，有时教材中资源的功能并不适合复习课安排，在这种情况下教师可以注意改变教材资源的功能。如笔者最终的教学实施中，将教材中最后一个板块的阅读改成了看图说话，这样能够承接前面复习“提建议”的功能句，有助于进行分层次的口语操练，突显了复习课的完整性。

(三)针对学生差异，设计多层次的方案

任何时候学生都是有差异的。上复习课时，教师需要做好学生的心理调适和复习任务的分配。对于学困生，要从思想上为他们减负，使他们在宽松的环境中进行有序的复习。对于学优生，要给予一定的动力，让他们完成更多的复习任务，拓展学习的能力。因此，笔者在本次复习课进行教学设计时，在学生自主活动环节，都是设计成有层次的任务。学生可以根据自己的学习水平和能力选择适合自己的学习活动。针对学生的差异性，教师在进行复习课教学设计时一定要设计多层次的方案，满足不同层次学生的学习需求。

综上所述，在复习课中教师要确定复习的主线，学会灵活使用教材，整合教学内容。关注知识的整体性和情境性，将零散的片段整合为合理的大情境，设计多层次的教学活动，使学生在恰当的情境中深化对知识的理解、实践及运用，发展思维能力，促进学科核心素养的发展。

第六节　综合实践活动课实践策略

一、综合实践活动课的重要性

综合实践活动不是一个新概念，早在2001年我国课程改革的一个重要层面就是将从小学至高中设置的综合实践活动课程作为国家必修课程，将综合实践活动课程界定为“基于学生的兴趣和直接经验，以与学生学习生活和社会生活密切相关的各类现实性、综合性、实践性问题为内容，旨在培养学生创新精神、实践能力，以及体现对知识的综合运用的综合性学习活动”(李臣之，2007)。综合实践活动课程自此正式成为国家课程，其所倡导的自主、合作、探究的教学理念影响着我国基础教育实践，但各学科在综合活动实践的深度和实效上还存在一些问题。2014年《北京市中小学英语学科教学改进意见》(以下简称《学科改进意见》)中提到，要将学科不低于10%的课时用于开展校内外综合实践活动课程。再次彰显了综合实践活动课程的重要性，关于如何开展恰当的英语学科综合实践活动，成为每位一线中小学英语教师面临的重要研究课题。《学科改进意见》中提到，切实转变学科教与学的方式、积极培养学生英语运用能力的发展、科学设计个性化作业、积极推进学习评价改革等原则，这些原则不仅是指导日常英语教学的准则，对于英语综合实践活动课程也同样具有指导作用。本节中的授课教师结合本校学生实际情况，以隔周轮换的方式分别开设了英语主题演讲、学唱英文歌曲、英语戏剧表演等综合实践活动，均取得良好的效果。本节将结合授课教师所做的一些实践和尝试，与大家分享这些综合实践活动的具体实施方法，解决有些教师认为这些活动我也都做过，但效果不明显的困惑，探讨如何在中学英语教学中有效组织、实施和评价综合实践活动，探究学生英语语言综合运用能力和学科核心素养的提升途径。

二、在学唱英文歌曲的活动中促进学生听说能力的发展

《学科改进意见》中提出，初中阶段重点培养学生英语听说能力，引导学生通过体验、实践、运用等活动提升语言能力。此外，笔者所在地区提出自2018年起，英语中考总分100分中听说部分占40分，这体现了中学英语教学应当更加重视培养学生的语言运用能力，特别是听说能力的导向。授课教师组织了学唱英文歌曲的综合实践活动，目标是侧重培养学生听说语言能力的发展。

(一)实施方法

在组织学唱英语歌曲的综合实践活动时，授课教师曾走过弯路。最初时为了保障歌曲选择的恰当性以及学生学习的实效性，授课教师亲自承担了选歌、学习材料的准备等所有教学任务。在活动实施的最初阶段，学生因为感到方式较为新颖，对学唱英文歌曲的活动还比较感兴趣，随着慢慢熟悉该学习活动，学习热情开始下降。授课教师通过反思以及与指导教师研讨，开始尝试改变以教师为主体的做法，充分体现学生的主体性，结果带来非常大的变化，授课教师和学生都盼望着每一次的英语唱歌课。

1. 学生成为活动主体

教师全面放手，让学生自主组织学唱英语歌曲活动。教师让学生自愿结对，

以两人一组的形式自主选歌、找歌词、下载音乐、歌词挖空、设计教歌活动。

2. 成立唱歌助教团

教师成立了由5名学生组成的唱歌课助教团，助教团成员选择的标准是对唱歌感兴趣，并乐意为其他同学服务。助教团负责安排全班同学一学期里教授英语歌曲的次序，并对大家所选歌曲、歌词、教歌制作的PPT等把关验收。

3. 制订活动规则

全班学生在学唱英文歌曲课后，通过写反思的形式表达对英文歌曲课的想法，经过两次英文歌曲课后，在助教团的组织下，全体学生对该课的实施达成一些共识，经过讨论制订了以下规则：

①选歌时尽量选一些通俗易懂、积极向上的英文歌曲；

②教授歌曲前本人要先学会，再教给同学们；

③为了辅助同学的学习，要对歌词进行挖空，挖空时尽量不要挖过于生僻的词，被挖空的歌词部分对应的曲中声音一定要清晰，最好自己先试着填写一遍，认为合适后再设计成学习材料发给同学填；

④教授歌曲时可以介绍一下歌曲的出处、歌手的背景信息等，尽量简练，可以借助PPT呈现；

⑤教授歌曲时可以与同学们有一些互动，设计一些提问，以增加同学对歌曲的理解。

(二)实施效果

1. 学生学习兴趣的提高

这样实施一段时间后带来的效果是助教团成员工作积极主动，课堂气氛热烈。课后很多学生在反思中这样写道："我真的是超喜欢这种英语歌曲课。因为这种课不像学习课本内容那样枯燥乏味，而且同学们推荐的英语歌都超级好听，算是一种听觉上的享受。"

2. 学生听说能力的提升

学生在反复欣赏并跟唱英语歌的过程中能够提高听力和口语的语感，熟悉一定的句型和短语，在轻松的环境中掌握很多语言表达。学生反馈"在听歌学歌时我能学到不少新词，例如crescent、manta ray等。""我很喜欢这次听歌课，因为它不但让我学会了许多我曾经听过的好歌，也可以让我了解同学们的一些喜好，通过同学们的分享，我也学会了许多我未曾听过的歌，了解了这些歌的信息，扩充了我的知识储备量，还能锻炼听力。"

授课教师在组织学唱英文歌曲综合实践课时，努力做到转变学生的学习方式和教师的教学方式，联系学生自身生活，借助学生的兴趣爱好和自主活动来进行。课上教授英语歌曲的同学非常自豪、兴奋，学习歌曲的同学很享受、投入，学生的参与性高，学习活动高效。学生通过准备和学习英文歌曲，了解了歌曲的写作背景和内涵，积累了地道的英语表达，关注了英语中的连读，在教授英文歌曲过程中锻炼了口语，真正提高了英语听说能力，体现了学科综合实践活动的价值。

三、在"活"起来的课外阅读中促进学生语用能力的发展

《学科改进意见》中提到，初中阶段要关注学生英语阅读兴趣和能力的培养，保证一定的英语课外阅读量。阅读在中学英语学习中具有重要作用。《义务教育课标》中也提到，初中阶段学生需要有 15 万字的课外阅读量。授课教师从初一年级开始，为学生增加了课外英语读物《典范英语》，《典范英语》是英国《牛津阅读树》阅读材料的引进版。授课教师让学生从《典范英语》系列七开始阅读，内容是一个个生动有趣的小故事，语言地道，难易程度适宜，故事寓意深刻，深受学生的欢迎，对学生的阅读技能和语用能力发展有很大促进作用。

(一)实施方法

授课教师在最初组织《典范英语》阅读时与组织学唱英文歌曲一样，也采用了"以教师为中心"的方式。授课教师每周拿出一课时用于《典范英语》的讲解，学生课上主要回答教师的提问，课后按照教师要求摘抄好词好句，最后授课教师通过单词测试的方式检查学生的掌握情况。结果笔者发现学生渐渐将《典范英语》的学习当作一种负担，学习兴趣降低。教师发现问题后经过对学生的调研、访谈了解到，学生希望在学习《典范英语》时，学习、作业形式和评价方式可以更开放些。于是，笔者做了以下调整：

1. 阅读形式由课上精读改为课下泛读

教师将每周一次的课上阅读改为课下自主阅读，使学生有更多的自主性决定阅读的频度和更多的机会练习阅读策略。笔者有一次与一位学生交流，询问他书中有什么难词，学生指出有些词不认识，但有很多词根据前后文能够猜出意思来，能够看到学生会在自主阅读的过程中选择运用一些阅读策略。

2. 阅读目标由关注词汇学习到关注语言综合能力发展

授课教师改变了让学生回答问题检测对故事的理解，以及通过单词测试检查学生词汇的做法。而是采用任务驱动方式，要求学生每天在家坚持听读故事录音至少 20 分钟，每两周完成一本书的阅读，加强对故事的跟读和模仿，读后对故事撰写概要总结和进行表演。实施一年后，很多学生练就了非

常地道的语音语调，故事表演惟妙惟肖，词汇量也有很大增长，体现了语言综合能力的发展，学生的变化带给授课教师非常大的惊喜。

3. 阅读任务由重知识学习，到重视促进核心素养发展

《学科改进意见》提到，要为学生科学设计个性化作业，可以采用涂色、配图、歌曲演唱、对话表演、海报制作等形式增加作业的趣味性、应用性。作业形式兼顾口头与书面，使学生拥有自主选择作业内容、形式的空间。在实施课外阅读综合实践活动时，授课教师改变了过去进行的词汇检测和回答问题的阅读任务，运用了戏剧表演、海报制作、撰写反思等个性化阅读任务的形式，更有助于促进学生语言能力、思维能力和学习能力等素养的发展。

授课教师在每本书阅读完成后，拿出两课时用于学生的小组故事表演。学生全员参与，可以自选喜欢的章节，可以改编故事，也可以几个小组合作。要求是最好能够背诵台词，声音洪亮，展现一定的表演性和戏剧性。学生将故事制作成海报(poster)，展示对故事的理解和掌握。授课教师将学生作品展示在教室外楼道两侧，同时要求每个学生将自己的作品照片上传到班级云盘，为学生提供互相学习和欣赏的平台。自学习方式改变以来，学生由最初的拘谨到后来表演的惟妙惟肖，并渐渐迷上了《典范英语》的学习，有的学生为了表演效果竟然能够将整本书都背出来。

(二)实施效果

1. 学生语用能力的发展

语用能力的培养是第二语言学习的重要目标之一。《义务教育课标》在教学建议中明确提出注重语言实践，培养学生的语言运用能力，指出教学活动应有助于学生学会用英语做事情，特别是用英语获取、处理和传递信息，表达简单的个人观点和感受，提升实际语言运用能力。戴炜栋、杨仙菊(2005)指出语用能力可以理解为识别语境并在语境中准确地理解别人和得体地表达自己的能力。王蔷等(2016)提出根据全语言理论，语言是一个整体，不应该被肢解为语音、词汇、语法、句型各个部分来对待，语言学习的过程不应是一个脱离语境，孤立记忆语音、语法、词汇等知识的过程，而应该是学生在语境中理解、探究、建构语言意义的过程。《典范英语》这种整本英语读物的阅读可以为学生提供完整、恰当理解语言的丰富语境，读后故事表演使得学生能够通过戏剧表演方式对阅读内容进行反复操练，最终内化形成整体运用语言进行思维和表达的能力。有学生在反思中写道："我对我们组今天的表演特别满意。连着两天中午，我们都在排练，而且大家回家也都认真跟着录音听读了，所以这一次是我们表演最成功的一次。我认为在表演过程中，团队

合作是最重要的了。比如我们组的徐××，他经常会有一些不认识的单词，需要大家一遍遍教他。在这个过程中我发现每一个人都很认真地在教他，而他也会很认真地跟着学。”因此，恰当的课外阅读综合实践活动，能够增强学生的团队意识，促使学生由被动学习变为积极主动参与，在提高学生语言知识的基础上，提升整体语言运用能力。

2. 学生学习能力的发展

目前英语学科核心素养的概念渐渐为英语教育者所熟知，学习能力是英语学科核心素养四个维度之一，笔者发现课外阅读和读后的戏剧表演综合实践活动能够有助于培养学生的学习能力。陈艳君、刘德军(2016)指出学习能力体现在对这一学科能保持学习兴趣、有明确学习目标、能有效获取学习资源并选择适当策略，通过监控、反思、调整、评价等方式进行合理学习。为了培养学生的学习和反思能力，授课教师要求学生在综合实践活动后撰写反思。有一个学生在反思中写道：“最开始对《典范英语》还是有非常大的抵触的，我的英语水平不高，读起来挺费劲的，也就不想在这上面花太多的时间。但后来开展了‘典范’展演之后，就开始对‘典范’产生了一些兴趣。最开始是找最简单、单词最少的角色来演。但后来看到其他同学在台上栩栩如生的演出，内心产生了一些小激动，也想在台上一展身手，却碍于英语水平不高，一般也不会拿到重要角色，所以就在台上跑跑龙套，没事自己加些词，也会让故事变得有趣很多。后来我所演的角色也更加鲜活起来，更是从中体会到了以前没有感受到的那种快乐与享受。当然，想要演好一个角色最重要的还是语言基础，所以自开展展演以来，每天都在背单词，记词组，扩充我的词汇量，从而提高了英语水平。展演让我体会到了在平时生活中感受不到的活跃氛围，也让我更加努力。对我来说，《典范英语》的学习给我最大的收获是让我获得了自信和在人前表演的勇气。”从学生的反思中可以看到学生在参与课外阅读综合实践活动中对英语学习兴趣的变化，对自我认知和评价的改变，以及对英语学习目标和策略的调整，体现了学生学习能力的提升。

四、在演讲训练与实践中促进学生交际能力的发展

英语学习应加强开放性和实践性，可以广泛开展英语角、英语阅读、听说园地、戏剧表演、英语演讲等活动，有条件的学校可以进一步拓宽语言应用实践渠道。英语演讲是提高学生语言表达和交际能力行之有效的方法之一。但演讲活动不能盲目进行，授课教师需要精心设计。

(一)实施方法

1. 演讲主题的确定

如何确定演讲主题是关键。授课教师根据教材进度，每两周进行一次英语演讲活动，每次两课时，共计90分钟。主题为教材上同进度的话题，同时与《义务教育课标》中列出的话题以及中考话题保持一致。授课教师会提前一周告诉学生演讲大主题，学生可以根据自己的兴趣爱好选取自己感兴趣的大主题下的小话题。例如人教版教材八年级(下册)Go For It第六单元的主题是An old man tried to move the mountains，本单元的教学目标之一是学生学会用英语讲中外经典故事。为了提高学生用英语介绍中国优秀文化，讲中国故事的能力，授课教师确定本次演讲主题是“中国经典传统故事”。

2. 演讲稿的撰写

演讲主题确定后，教师要求学生通过上网、阅读等方式搜索与主题相关的资料，确定自己的具体话题，组织演讲材料，撰写英文演讲稿。然后通过同学互评、自行修改、教师评阅、二次修改等方式逐步完善演讲稿，如果学生有需要，教师可以为学生提供三评或四评，直至学生满意。

3. 制作演讲课件

演讲稿修改完毕，学生自己制作PPT，可以呈现某些重点内容，有助于学生记忆演讲的内容。还可以在PPT中呈现对部分生词、难点的注解，在演讲时就这些重点内容与老师和同伴进行互动。

4. 制订评价标准

除了以上演讲内容的准备之外，还有一项重要内容是教师引导学生制订恰当的评价标准。授课教师请学生通过网络查找一些演讲视频，学习演讲的技巧，思考如何成为一个优秀的演讲者。教师引导学生关注评价标准应侧重评价演讲技巧，例如，不能只是呆板地背诵演讲稿，要注意肢体语言的恰当使用等。教师成立了演讲评委团，由学生自主选出5名学生组成，选择标准是依据英语水平、演讲能力、演讲兴趣等。评委团负责参照全班学生的建议制订演讲评分细则。演讲时，全班学生既是演讲者又是评价者。评委团还聘请专门学生担任摄像，帮忙将全体学生的演讲录像，之后传到班级云盘，学生课下既可以回看自己的录像，还可以反复学习观摩其他学生的表现以及演讲内容。这样能够增加学生的重视，并为学生留下成长档案。以下是评委团制订的评价标准：

Presentation Evaluation Form (Class 1/2 Grade Eight)

标准 编号	演讲形象（2分）	声音洪亮（2分）	语音语调（2分）	内容（2分）	互动（1分）	PPT（1分）	总计（10分）
1							
2							
……							

从评价标准中可以看出，评价的重点在于真正培养学生的英语演讲能力，而不仅仅关注语言的学习。

(二)实施效果

1. 公共演讲能力的发展

演讲是一种在公共场合大胆、自信、有逻辑地表达自己观点的能力。英语演讲活动的实施促进了学生公共演讲能力的发展。以下是一位学生在几次英语演讲活动后的反思："今天的演讲，收获真的很多，无论是在上台形象方面，还是语言表达方面，我认为要比之前两次好得多。但我发现自己还有极大的空间去提升，我从一些同学的身上找到了可以学习吸取的闪光点，像朱××的英语表达能力就很强。他在台上虽然显示出他内心的紧张，不过他会用手势来掩饰，在有时忘词时，他会用'you know''well'等过渡词衔接，这是个巧妙的方法，很值得我学习。而我同桌比较好的一点做法是她上网找的图片和内容比较相符，这样即便忘词，看一眼 PPT 能给自己一个提示，所以她几乎没有不必要的停顿和结巴。不过她仍有需要改进的地方是演讲时要看人，不要看地和天花板。"通过这名学生的反思可以看到，学生通过观看同伴的演讲，以及反思自己的演讲，真正关注了有效的演讲技巧，例如，如何借助 PPT 解决忘词问题，如何掩盖和消除紧张，如何与听众进行有效交流，如何举止得当等，真正增强了学生的演讲能力。

2. 文化意识的发展

演讲能够培养学生的综合能力，例如口头交际、思维能力等。因为演讲有一定的主题，所以学生文化意识对于演讲也是很重要的一个方面。现在的教学理念提倡，教师日常教学中应该在提高学生综合语言运用能力的同时，结合所学内容和主题，挖掘文本内涵，了解语言中蕴含的文化知识，提高跨文化理解、用英语传播中国文化、用英语讲中国故事、弘扬爱国主义精神的能力。例如前文提到的演讲主题是中国传统故事，学生通过收集和整理资料，用英语介绍了《精卫填海》《孟母三迁》《嫦娥奔月》《神笔马良》等中国经典传统故事，实现了通过语言学习培养文化意识的目标。

五、综合实践活动课程有效实施的关键

随着我国新课程改革的纵深发展，如何开展有效的英语综合实践活动值得我们深入思考。笔者认为，以下三点是保障综合实践活动课程有效性的关键。

(一)学生核心素养培养的目标定位

学科综合实践活动应立足培养学生的学科核心素养，而不仅仅是语言知识的学习。有效的综合实践活动能够为学生提供自主、合作、探究和创新的机会，能够促进学生的语言能力、学习能力、思维品格和文化品质等素养的协同发展。

(二)以学生为主体的实施理念

授课教师组织综合实践活动的经验证明，以“学生为主体”，营造平等、民主和激励支持学生意义建构的学习氛围是有效实施综合实践活动的关键。最初授课教师因为不放心而不敢放手，使得学生的学习兴趣和积极性受到影响。当授课教师转变角色，作为学习的引导者、促进者、组织者与管理者，在学习活动中给学生更多的自主权时，学生带给授课教师很多惊喜。因此，教师在组织综合实践活动时，要真正做到“以学生为中心”，让学生成为活动真正的主体，体验综合实践活动带来的愉悦与成功。

(三)关注学习能力培养的评价导向

李树培(2016)在关于综合实践活动课程核心素养与评价的研究中提出：“综合实践活动课程核心素养的评价不仅关注学生所习得的能力(learned abilities)，更关注学生的学习能力(learning abilities)；不是要对学生的活动结果进行优劣判断，而是要揭示学生在活动过程中的体验和表现以及他们是如何解决问题的，综合实践活动课程核心素养评价是融入日常探究活动中的细节和行为，是对学生的创造和思想的倾听、理解、引导、欣赏和研究。”因此，综合实践活动的评价重点也应与核心素养培养的定位目标相一致，关注学生在综合实践活动中的参与度，在过程中的自我成长，以及情感、态度、价值观的形成，而不应仅仅评价知识获得的多少。

第七节　有效英语作业的设计实践策略

一、作业对促进学科核心素养发展的作用

作业在学生学习过程中具有重要作用。英语作业是教学活动的有机组成

部分，是检验、巩固和反馈教学效果的有效途径之一，是教学活动的延续和补充，更是发挥学生创造力、张扬个性的渠道之一(李银芳，2007)。好的作业能帮助学生对所学知识有更深入的理解和拓展，有利于批判性思维的发展，能够培养学生自主学习和探究能力，促进良好学习习惯的养成，还能够帮助学生形成反思和自我调控能力，促进学习能力的发展。但传统的作业多是课本或相关习题册中的习题，偏重知识点的巩固练习，结构单一、随意性强、缺乏科学的系统性，导致不少学生作业负担过重，不能长久地保持对英语学习的兴趣(陶春霞，2010)。随着英语课程改革的深化，在学科核心素养培养背景下，改变传统作业观，设计新型的、符合学科核心素养理念的作业极其重要，但相关的研究还比较少。作业作为教学活动的一个重要组成部分，是提高学生学科核心素养的有效途径之一。教师如何通过恰当的英语作业设计促进学生英语学科核心素养的发展是值得关注的研究课题。本节将结合几个创新作业的案例，与大家探讨如何设计侧重培养学生语言能力、文化意识、思维品质和学习能力的中学英语作业。根据已有研究，作业可以分为课堂作业和课外作业，本节中的作业主要是指课外作业。

二、侧重培养学生语言能力的作业

语言能力是英语学科核心素养的基础，是指通过听、说、读、看、写等方式理解和表达意义、意图、情感态度的能力。教师可以通过很多形式的作业设计促进学生语言能力的发展，例如，利用 App 学习词汇、学唱英语歌曲、看英文电影、用英语配音、展演英语短剧、阅读与续写英语小说等作业。下面，笔者为大家分析一个通过美剧学习全面提升语言能力的作业。

【案例 3-7-1】

通过美剧学习提升语言能力的作业

某教师对初中二年级学生布置了以下作业：每周课下看一集美剧《女孩成长记》，要求学生看完后在台词本上积累 10 个词汇或短语；5 句台词；根据所看内容提出 2 个问题；并针对所提问题写一段感想或反思。教师将该作业总结为 10-5-2-1 模式。在看了“天赋与职业”这一剧集后，有位学生完成的作业如下：

1. 在句子中积累的 10 个词汇

And a new <u>adventure</u>(冒险活动) begins.

Belgiun <u>declared</u>(宣布)its indeendece from the Netherlands.

What else should a company value but <u>profits</u>(利润)?

I give Riley an allowance (零花钱)because she dose chores.

If I had a company, I'd treat my employees(员工) well.

I think they're hooked(成瘾).

We are going to play hide and seek(捉迷藏).

Tired of being humiliated (羞辱).

I know she's the chairman of the board(董事长)of Rand industries.

My education should not be based on (基于)your daughter's moods.

2. 积累的 5 个句子

①What do you aspire to?

②Let's split the class into two separate businesses.

③What else should a company value but profits?

④Yeah, keep telling yourself that.

⑤Because they're 100% carbon, hydrogen and oxygen.

3. 根据内容提出的 2 个问题

What do you think is most important in doing business?

What can you do for other people?

4. 写的感想和反思

When we do business, profits are not the only thing to think about. We should make effort to offer customers with the best service. In this way, we could gain trust from the customers and great profits will be achieved naturally.

【评析】

在该项作业中，教师选择恰当的美剧作为学生语言学习输入材料。通过恰当的作业形式，使得学生既能够通过听、看、写的方式，学习语音、词汇、语法知识，又能够了解地道的口语交际语言特点，获得口语语篇知识，还能够在语境中感知语言表达的得体性，习得语用知识。该剧是一部关于美国中学生的情景剧，每个剧集有独立的主题，例如，男女生交往、天赋与职业、如何看待历史等。内容积极向上，每集约 20 分钟左右。主题内容和语言难易程度都非常符合初中学生的英语学习。实践证明学生对于这项作业非常感兴趣，有学生反馈："希望老师以后多布置这样的作业。""做这项作业感觉时间过得非常快，特别有趣，有心情往下做，有时遇见一些有趣的台词，能反复地看好几遍。"通过做这项作业，学生在词汇、语音等语言知识方面有很大收获，听力能力也得到发展。例如，有学生在反思中写道："我非常愿意做这项作业，因为我以前像列表一样地背单词，只是一段时间里背下来了，不能长久，可现在这样背单词能够记得住，而且背得有趣。”还有学生通过美剧学习作业掌握了地道的口语表达方式，注意到了真实口语交流中的连读、弱读等语音知识，“我觉得学习这样的美剧比单纯学习英语文章要有趣，更容易理解。我记住了这样的口语表达方式，如：Nope、yep、whatcha、wanna、gonna…”。这些语音知识，以及大量的听力输入，也有助于学生听力水平的提高。通过美剧的学习，学生从故事中还学习到很多文化知识，有学生提到了特洛伊木马、达摩克利斯之剑等典故，这些文化知识对学生语言的学习也会起到促进作用。

程晓堂、赵思奇(2016)指出“语言能力的界定不仅强调语言知识的学习，而且特别注重语言知识在建构和表达意义的过程中所起的作用，也就是说，语言使用者究竟是如何利用语音、词汇、语法、语篇、语用等方面的知识来表达意义的”。看美剧积累词汇、句子和写感想的作业有助于培养学生运用英语知识表达意义和情感态度的能力，真正促进学生综合语言能力的发展。

三、侧重培养学生文化意识的作业

文化意识素养的培养目标可以概括为：获得文化知识，理解文化内涵，提升人文修养形成正确的价值观，具备一定的跨文化沟通和传播中华文化的能力。有助于文化意识培养的作业形式有很多种，例如，通过查阅资料制作相关文化主题的手抄报、进行中外文化主题的英语演讲、对所学的中外文化撰写反思等。下面，笔者为大家介绍两个侧重培养学生文化意识的英语作业。

【案例 3-7-2】

通过制作手抄报和演讲提升文化意识素养的作业

人教版《新目标》英语教材九年级第十单元的题目是 You're supposed to shake hands，该单元的话题是“社会习俗礼仪”，主要谈论不同国家在不同情境下的文化习俗，其中 Section B 1a—1d 的听力内容是关于餐桌礼仪的，教材的听力材料中只简单介绍了三条中国餐桌礼仪：不要将筷子直插在碗中；不要用筷子敲打空碗；等年长者入座后再开始吃饭。学习完这部分内容后，教师布置的作业是让学生制作图文并茂的关于不同国家餐桌礼仪的英文手抄报，比较不同国家餐桌礼仪的异同。并对手抄报内容进行口头介绍和录音，上传到班级云盘。学生在课后通过查找资料，在手抄报作业中拓展了多条不同国家的餐桌礼仪。例如，在印度用左手吃饭是不礼貌的；在法国就餐时面包会直接放在桌上，而不是盘子里；在日本吃饭时和中国的习俗一样，也忌讳将筷子直插在碗中等。教师将这些手抄报张贴在教室里的文化墙上进行分享，使得学生之间可以互相借鉴学习，了解更多国家的餐桌礼仪和习俗。

【案例 3-7-3】

通过英语主题演讲提升文化意识素养的作业

人教版《新目标》英语教材八年级下册第六单元的题目是 An old man tried to move the mountains，本单元的教学目标之一是学生学会用英语讲中外经典故事。

其中，Section A 的听力教学是愚公移山的故事。通过学习这部分内容，授课教师为学生分析了如何用英语讲述中国传统故事。教师布置的作业是让每名学生收集资料进行准备，以演讲的方式介绍一个自己喜欢的中国民间故事。撰写演讲稿并录制演讲视频上传到班级云盘。学生结合自己的兴趣，提交的作业作品主题各异，用英语讲述了《夸父追日》等二十多个中国传统经典故事。这项作业提高了学生用英语介绍中国优秀文化，讲述中国故事的能力。

【评析】

《学科改进意见》中提到，要为学生科学设计个性化作业。手抄报和演讲的作业形式兼顾口头与书面，虽然不同水平的学生完成作业的质量可能会有层次上的差别，但能够为全体学生提供发挥创造力、彰显个性、自我展示的空间。学生可以结合自己的兴趣完成作业，体现出个体差异，有助于学生学习兴趣的激发。对手抄报的介绍以及基于稿子的演讲，突出了语言的运用，有助于学生交际能力的培养。这类作业是真正从学生学而不是老师教的角度设计的，体现出学生是学习的主体。而教师以文化为主题设计作业，将课堂上关于文化知识的学习拓展到课外。学生通过课下查阅相关资料，能够了解更多国家的文化，加深对本国文化的理解，形成对世界优秀文化的认同，体现了英语学科所承载的人文价值。

四、侧重培养学生思维品质的作业

思维品质体现英语学科核心素养的心智发展，是人在思维的逻辑性、批判性、创造性等方面所表现出的个性特征。培养学生思维品质有不同途径，例如，有效的问题设计、辩论等。其中，思维导图是一种有效的学习工具，有助于思维过程的可视化。思维导图有助学生对于知识点的梳理，形成结构化知识，避免知识的碎片化，促进学生逻辑性、发散性、创新性思维能力的发展。教师可以在学生学习阅读语篇之前布置画思维导图的预习作业，或在阅读课第一课时的学习后，布置对阅读语篇画思维导图并复述的作业，也可以在听力语篇的学习后布置画思维导图并根据思维导图进行转述的作业。

【案例 3-7-4】

通过画思维导图培养思维品质的作业

人教版《新目标》英语教材八年级下册第十单元 I've had this bike for three years Section B 2A 的阅读文章主题是“Hometown feelings”，语篇的主要内容是，以 Zhong Wei 为代表，描述了目前很多人会远离家乡到城里工作，多年没有机会重回家乡，但会关心和了解家乡的变化，保留对家乡的那份情感。某教师在讲授完文章后布置了画思维导图的作业，下面为大家呈现该教师指导一位学困生思维导图作业的过程。

下图是该生第一次上交的思维导图作业，他将语篇题目写在中间，分别摘抄了语篇的第一段和最后一段中的部分文字：

Some people still live in their hometown. Nowadays millions of Chinese leave the countryside to search for work in the cities. Zhong Wei has lived in Wenzhou for the last 13 years. He doesn't find much time to visit his hometown. Many people like Zhong Wei.

According to Zhong Wei, however, some things will never change. Our hometown has left many soft and sweet memories in our hearts.

教师看了他的思维导图作业后，访谈他：

教师：你是怎么画出来的这个思维导图？

学生：我分别读完每一段，然后从开头和结尾段中选出了重要的句子。

教师：你认为思维导图是用来做什么的？

学生：我觉得思维导图是用来帮助我厘清思路的，我需要找出每一段的中心思想然后再画。如果我能够把书多读几次，我能够画得更好。

教师发现他对思维导图的理解基本正确，就建议他再读几遍文章后再画一次。以下是学生第二次上交的思维导图作业，他按照段落来画，摘抄了每段中的部分文字，并且有两段的内容分别提炼出了一个核心词：change 和 symbol。

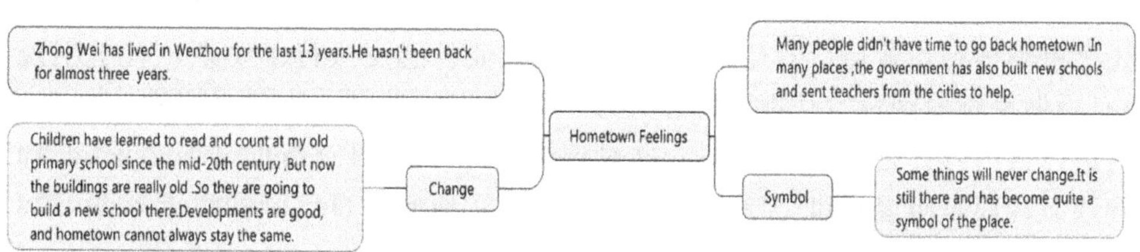

教师再次对他进行了访谈：

教师：你为什么要按段落来画，还要抄这么多文字？

学生：我觉得这样不会漏掉内容，什么信息都包括进去了。没有读过文章的人也能看懂我的思维导图。

教师：思维导图主要是用来帮助自己整理信息的，是对内容的整合，你有没有想过按照文章的主旨大意，而不是按照段落来画呢？

学生：可能按照主旨大意来画会更好一点。

教师：画思维导图时可以只写出关键词，不用写出完整的句子，你愿意根据文章主旨大意再画一次吗？

学生：嗯，愿意。

下面是学生第三次上交的思维导图作业，此次他基本能够厘清文章的思路，条理比较清晰，当然所画思维导图还有完善的空间：

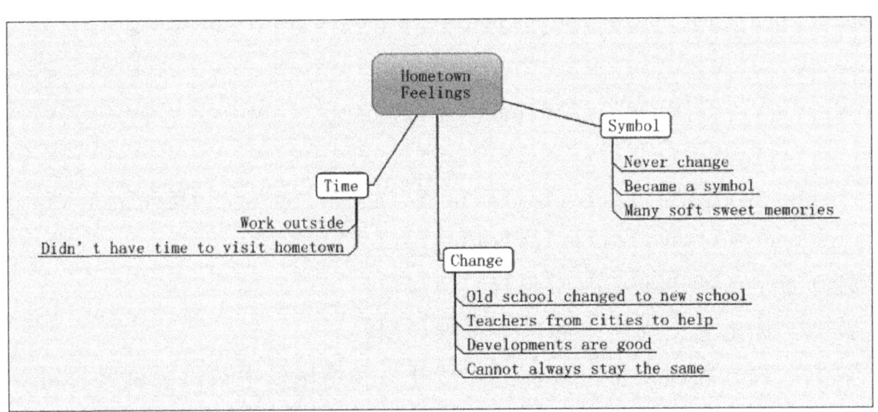

该学生完成思维导图作业的变化过程，体现了他对语篇理解深度的变化，以及概括总结、逻辑思维能力的一步步发展。

【评析】

在阅读学习中，通过思维导图的绘制，学生可以自主获取语篇的基本信息，厘清句与句、段与段之间的逻辑关系，了解篇章的整体结构，进而在教师的引导下进一步理解作者的写作意图，深入地分析和评价篇章的内容，在此过程中，学生批判性思维的培养得以实现(陈新忠，2015)。教师在布置了几次思维导图作业后，对学生做思维导图作业的感受进行了访谈，有学生说："通过做思维导图预习作业，即使还没有正式学习课文，也已经了解了文章讲的是什么内容，是如何布局的。这对课堂上的学习很有帮助，不必呆板地盯着课文，而是听老师讲，脑海里就浮现出课文梗概和自己画的思维导图。""对我来说，最初画思维导图最困扰我的地方是如何搞清楚每一层级的关系。有时候明明知道两者不应该放在一个层级，可是我却不知道如何概括。我的思维导图有时会很简洁，有时会很繁杂。虽说看起来逻辑顺序很清晰，但是仔细观察后会发现，其实是很乱的，有时我不得不用大量篇幅来弥补逻辑混乱的缺漏，这令我很困扰。通过多次的练习，现在这方面已经有了很大的提高。”“我认为画思维导图可以帮助我更好地理解课文，抓住作者写文章的思路，厘清自己的逻辑顺序。”由此可见，通过思维导图作业，能够帮助学生辨析语篇类型，把握语篇结构和文本特征，增加对语篇主题、内容、表达方式和意义的深度理解，有助于形成结构化知识，促进学生的语言学习和思维发展。教师还可以布置让学生先画思维导图，然后根据思维导图进行语篇复述的作业，实现语言能力与思维能力的协同发展。

五、侧重培养学生学习能力的作业

学习能力是学科核心素养发展的必要条件，是指学生积极运用和主动调适英语学习策略，拓宽英语学习渠道，努力提升英语学习效率的意识和能力。教师可以有意识地布置一些能够培养学生学习能力的作业，如制订学习规划、错题分析、学习方法反思等作业，培养学生主动制订学习目标，做好英语学习的自我管理，以及积极反思、调适学习策略，养成良好学习习惯，努力提升英语学习效率的意识和能力。

【案例 3-7-5】

通过错题分析及反思培养学生学习能力的作业

某初二教师布置了错题分析及反思作业，每次英语测试后，让学生对听力、完形填空、阅读理解等错题进行分析，写出错误的原因以及自己的反思，并组织学生之间互相分享交流反思。通过分析错题和反思，能够培养学生反思学习观念、态度、策略、知识缺陷等问题，提升学习效率。有学生写道：“这次的听力测试我总结出了一些做题技巧，或者说是确认了以前总结的方法是可行的。以前我总在听力最后的填空题丢分，通常是因为一些小细节没听清造成的。这次听力我做得不错的原因应该是以下几点：1. 提前浏览一遍题目内容，看图想单词，看对话、表格猜内容；2. 集中注意力，抓住关键词；3. 最后做填表题时听清单复数、时态，根据已给的信息判断大小写、词性等。其中我认为最重要的是集中注意力，并细心一点，只要能做到这两点应该在做听力题时不会有太大问题。”“通过这次听力测试，清晰地意识到自己在词汇量方面的不足，决定从今天开始加强词汇积累。”“在此次听力测试后我认识到，做题时不能想当然，凭主观意识，而要仔细听，依据证据做题。”

【评析】

学习策略是学习能力的一个重要组成部分。《义务教育课标》在教学实施建议中提到，教师要指导学生自我监控使用策略的情况和效果，并根据需要及时调整，以提高他们的自主学习能力，促进学生逐步形成符合个人学习风格和需要并能有效提高学习效率的英语学习策略。错题分析作业能够促进学生对学习策略使用的反思。例如，学生在反思中提到，听之前要预测，听的过程中要抓关键词等。这些学习策略日常教学中教师会反复强调，但由于缺少自我感悟、反思过程，有些学生只是将其当作老师的说教，并没有真正联系自己的学习。学生通过错题分析、与教师和同伴交流自己的学习体会，能够了解和反思自己英语学习中的进步与不足，积极探索适合自己的英语学习方法。使得这些策略能够真正与他们的学习发生关联，并且内化成为能力，有助于学生学习目标、态度、观念和策略的调整，促进英语学习效率的提升。学习能力的形成不是自发的，需要教师的精心指导和培养。教师可以设计和布置一些有助于学生学习能力培养的作业。

六、核心素养背景下有效作业应具有的特点

通过以上案例可以看出，核心素养背景下的有效作业具有以下特点：

(一)作业设计符合基础教育英语课程目标和理念

核心素养背景下的基础教育阶段英语教学强调学生综合运用英语基础知识和基本技能，在发展语言能力的同时，形成良好的文化意识、思维品质和学习能力，强调学科核心素养的综合培养。学科核心素养背景下教师应树立新型作业观，改变传统的以分数为目标的作业设计。将形式单一、内容机械、评价统一的作业变为形式多样、注重实践、评价多元的作业，以符合基础教育英语课程改革的发展目标。

(二)作业具有开放性和自主性

学科核心素养背景下的有效作业应具有一定的灵活性和开放性，突出学生的主体性，有助于全体学生的共同发展。每个学生的个性不同，兴趣不同，开放性作业能够为每个孩子提供彰显个性的空间，作业作品各具特色，同时促进每位学生在原有基础上的提升。例如，在美剧学习提升语言能力的作业中，每个学生的语言基础不同，在美剧学习中遇到的生词也不一样。教师只是给出一个数量要求，给学生空间自主选择积累对自己重要的词汇和句子，既符合最近发展区理论，又能够充分发挥学生自身的主体作用，增加学习的

有效性。

(三)作业有助于培养学生多元和综合能力

有效作业具有多元化、复合型特点，能够同时培养学生的多种能力，科学合理的英语作业能充分挖掘学生的学习潜能，最大限度地发挥作业对知识落实、能力培养和品格养成的有效功能(钱宇，2006)。例如，通过思维导图作业，学生不仅能够学习语言知识，发展思维能力，还能够通过对语篇的深入分析，学习到语篇蕴含的文化知识。同时，通过反复阅读与分析，修改完善思维导图，还能够培养学生自主学习和探究能力。文中提到的几个作业案例，都能够培养学生的多元能力，所以笔者使用了“侧重”某种能力培养的作业的表述形式，强调某一项作业对某一种主要能力的培养作用。

科学有效的作业有助于学生形成积极主动的学习态度，养成自主探究的学习习惯，有助于学生个性的发展和学科核心素养的养成。同时，学生的作业作品也能够帮助教师了解学生的学习现状和需求，为教学提供依据。希望老师们能够设计出更多的个性化的英语作业，促进学生的全面发展。

第四章　核心素养背景下的英语教师专业发展

学生核心素养培养课程目标对教师素养提出了更高要求。要发展学生的学科核心素养，教师需要有意识地更新知识及理念，不断提升自身素养。促进教师专业发展的途径很多。本章结合实践案例，重点介绍英语教师如何通过建构学科教学知识、开展校本教研、撰写教学反思、实施行动研究四种途径，不断促进专业发展，实现教学创新，为教师提供实用且操作性强的建议。

第一节　通过建构学科教学知识促进专业发展

一、英语教师学科教学知识建构的重要性

近年来，随着新课程改革的深入推进，关于教师知识的研究越来越多，研究内容包括教师知识构成研究、教师个人实践知识研究、教师知识发展研究等。教师的学科教学知识(PCK)是教师知识的核心组成部分，是教师教学的知识基础，也是影响教师专业发展的重要因素。本节结合案例分析提出影响中小学英语教师学科教学知识建构的因素，为中小学英语教师学科教学知识的获取及专业发展提供建设性建议。

1986 年，美国学者 Shulman 首次提出了学科教学知识的概念，认为它是包含在学科知识中的一种属于教学的知识，是教师个人教学经验、教师学科内容知识和教育学的特殊整合。Shulman 在 1987 年又提出了构成教学知识基础的七类知识：(1)学科内容知识；(2)一般教学法知识；(3)课程知识；(4)学科教学知识；(5)关于学生及其特性的知识；(6)教育情境知识等；(7)教育目标与价值的知识，将学科教学知识列为七大教学知识基础之一。在七类知识中，Shulman 特别强调了学科教学知识的基础性，进一步说明学科教学知识是教师综合运用教育学知识和学科知识来理解特定主题的教学是如何组织、呈现给特定学生的知识，学科教学知识是教师在教学过程中融合学科与教学知识而形成的知识。学科教学知识概念的提出，使教师知识的内涵发生了变

化，“学科知识＋教育知识”的二分观点逐渐被“学科知识＋教育知识＋学科教学知识”的三分观点所替代，学科知识和教育知识不再是分离的状态，在学科教学知识中首次达成有机融合的状态(唐泽静等，2010)。

Hashweh(2005)用教师教学建构的概念阐述学科教学知识。他赞同学科教学知识的本质是价值性和叙事性。价值性是指教师的学科教学知识中渗透了教师的价值因素，这种价值不仅包括教师对教育的价值取向，更重要的是它包括了教师对待所教学科的价值取向；叙事性是指学科教学知识是一种经验的重组。他对学科教学知识进行了再界定，提出教师教学建构概念，他认为学科教学知识是教师个人教学建构的结果，这种建构是基于种种教学事件集合而成，是经验教师通过对所教主题的不断计划、教学和反思所发展而来。它的内涵有以下几点：(1)学科教学知识是个人知识；(2)学科教学知识是教师各种教学建构的集合；(3)教师教学建构主要来源于计划，但同样来源于教学中及教学后阶段；(4)教师教学建构是一种创造性的过程，这种过程会受到教师其他的知识和信念交互作用的影响；(5)教学建构来源于对教学故事的不断反思；(6)教学建构是与特定主题相关的；(7)教学建构应该有不同的分类方式，这种分类是通过与教师的其他知识和信念交互作用而来的。Hashweh强调教师本身的价值观对学科教学知识的作用，强调学科教学知识的形成是一种创造性的结果(方菲菲等，2008)。

综上所述，笔者认为学科教学知识是教师在真实教学中自我建构的个体独有的、关于学科特定主题的知识，其产生及传递受到价值因素的影响。学科知识和教育知识是教学的基础，在教学实践中二者有机融合，逐渐转化为学科教学知识，学科教学知识是教师在真实教学中使用的、有别于纯粹的学科知识和一般教育学的知识，它是促进学生自我建构知识的知识，是教师职业作为专业所必备的知识，是优秀教师与新任教师的差别所在，也是学科专家和经验丰富教师的区别所在。这种知识能够帮助教师回答以下问题：(1)教师应该教什么知识？(2)为什么要教这些知识？这些知识具有怎样的价值，对学生的发展有什么作用？(3)学生已经会了什么？学习兴趣如何？学生学习这些知识是否会有什么困难？如何帮助学生克服这些困难？(4)教师怎样教这些知识？运用什么教学策略？(5)怎样检测学生是否学会了？(6)教师有什么样的教学风格和特色？

二、中小学英语教师学科教学知识的已有研究

关于中小学英语教师学科教学知识的研究并不多，在此，笔者主要综述

分析三个相关研究：

(一)关于职前外语教师学科教学知识的研究

吕筠和董晓秋(2010)通过问卷形式对8名走上教师岗位刚满1个月的大学毕业生的学科教学知识进行了定量分析。研究结果显示，8位新教师职前掌握了一定的学科教学知识，能够完成基本的教学任务。但是距离胜任还有差距，主要表现在两个方面：一是欠缺关于学生的知识，主要是不了解学生的学习困难和先前知识；二是欠缺关于主题的知识，主要是缺乏系统的理论知识及其应用能力。

(二)关于不同教龄段中学英语教师学科教学知识的研究

孙自挥(2008)采用问卷调查和访谈形式对225名中学英语教师的学科教学知识结构进行了调查。研究发现，不同教龄段教师的学科知识差异并不显著，但在教育学知识、课程知识和情境知识等方面表现出一定的差异。11—20年教龄段教师的学科教学知识总分最高。这一发现说明新入职教师由于缺少实践锻炼，学科教学知识不多。经历教学实践后开始逐渐积累学科教学知识，并在职业成熟阶段形成完整而丰富的学科教学知识。

(三)关于一位小学英语教师学科教学知识转化的案例研究

张萍(2010)在硕士学位论文中运用个案研究的方法，对一位资深的小学英语教师在教学实践中如何运用学科教学知识的转化与发展进行了研究。她分析并归纳出研究对象参与教学变革前学科教学知识的特征，并呈现其通过参与“新基础教育”吸收和内化多方面的学科教学知识，通过课堂观察、课前课后访谈及教师反思推断其学科教学知识的前后变化与转化。

三、研究内容与研究个案

学科教学知识是否丰富是区别专家型教师与非专家型教师的标准之一。拥有丰富的学科教学知识是教师专业发展的标志，是每个教师的追求。教师如何获取学科教学知识，建构学科教学知识，促进自身专业发展？相关研究认为教师学科教学知识的生成与发展是一个不断建构的过程。它带有明显的个人、学科和情境特征，很大程度上是教师个人在自己任教学科和所在班级的特定范围内，不断将诸方面知识综合、创新的探究过程。它主要靠教师在教学实践中积累获得，不存在好的直接传授的方式(郭健，2010)。廖冬发、周鸿和陈素苹(2009)的研究认为，有多种途径可以帮助教师获得学科教学知识，其中主要包括自身的教学反思和经验积累、与同事的日常交流、有组织的专业活动、参与优质课选拔及观摩课交流等方式。笔者多年从事中小学英语教师培训工作，采用质性研究方法，通过对不同学段、不同教龄的中小学英语教师进行课堂观察，访谈教师本人、教过的学生及学生家长，以及阅读教师的教学反思，发现有 7 种核心因素对中小学英语教师学科教学知识的建构起着重要作用。本文以 6 位中小学英语教师(见表 4-1)为案例，详细分析这 7 种因素对中小学英语教师学科教学知识建构的作用。

表 4-1　个案教师背景信息

个案	学段	教龄(年)	职称	身份(是否骨干教师)
教师 A	小学	20	小学高级	市级骨干
教师 B	小学	18	中学高级	市级骨干
教师 C	小学	12	小学高级	区级骨干
教师 D	初中	10	中学一级	非骨干
教师 E	初中	10	中学一级	非骨干
教师 F	高中	5	中学二级	非骨干

四、影响中小学英语教师学科教学知识建构因素案例分析

(一)个人特质

教师学科教学知识具有个人化特质，与教师个人的情意、个性有相当大的关系。教师个人的独特风格与人格特质对其课堂行为影响极为深远，甚至左右教师对学科教学知识的选择(刘清华，2005)。这说明教师的个人特质对其学科教学知识的发展有很大影响。这里所说的个人特质主要指人格和职业道德。笔者分别对两位北京市级小学英语骨干教师(以下简称教师 A 和教师 B)进行了访谈，请她们进行自我反思性评价，描述个人特质，即自身哪些素质使自己成为优秀教师？两人提到的第一点特质都是真心喜欢孩子，热爱教学工作，在工作上“较真”，追求完美。教师 A 在访谈中说：“我非常热爱教师这个职业，喜欢教学这份工作。天天和最喜爱的孩子们在一起，看到他们在我的帮助下从不会到会的学习过程，是工作带给我的最大乐趣。”她提到，正是这份对工作和孩子的热爱，使她从教 20 年来几乎没有经历过职业倦怠，对教学永远充满激情。访谈教师 B 所教学生的家长时，有位家长说：“第一次和教师 B 见面，她就给我留下了深刻印象。第一次家长会上，她做的第一件事是把自己的电话号码写在黑板上，告诉我们她会 24 小时开机。无论孩子、家长有任何关于孩子学习、思想上的问题，都可以随时和她沟通。这让我对她印

象非常好。她的做法让我感觉到她对孩子的爱和工作给她的幸福感。”两位教师的特质促成了她们独特的教学魅力。访谈两位教师的学生时，学生们的描述是：“教师A经常面带微笑，从不跟我们发火。”“我们非常喜欢上教师B的课。她经常鼓励我们。她的课上我们敢说、爱说英语。”根据笔者的课堂观察，两位教师亲切和蔼，课堂上与孩子融成一片，课堂气氛活跃。由此可见，个人特质是教师学科教学知识建构的基础，起着隐性影响的重要作用。

(二)教师学习共同体

教师学习共同体可以通过与本校教师、校外教师、专家们的合作和交流促进教师学科教学知识的发展，推动教师专业成长。笔者访谈教师A和教师B，问到对她们的专业发展有重要影响的关键人物时，两位教师同时提到了自己刚入职时遇到的有经验的同事对自己专业发展的影响，虽然方式不同，却异曲同工。教师A描述自己很幸运，刚毕业来校任教就遇到一位很有教学经验和特色的同事。这位同事上课特别风趣、幽默，讲课眉飞色舞。而自己当时性格内向，不善言谈，不知道如何教课，更不会与学生互动。于是只要有时间她就坐在教室后面听这位同事的课。坚持了三年，教师A学到很多他的授课技巧、教学处理策略，特别是如何激励学生、与学生互动沟通、根据学生的课堂表现随机应变，实现精彩的课堂生成，自己目前的授课风格深受这位同事的影响。教师B描述道：“刚当老师时，我的一位同事兼领导对我帮助特别大。她让我明白的第一件事是教学要善于总结。正是在她的督促下，我完成了第一篇教学论文的写作。此外，她还教我参加教学观摩活动时需要关注哪些方面。每次回来后都问我从观摩教师身上学到了什么？听完观摩课的感受？有什么教学技巧可以借鉴到自己的教学中？每次参加完进修活动，她都问我进修的一些具体情况，然后要求我根据教学观摩和进修学习的收获上实验课。她经常听我的课，以至于后来我对她进教室听课都习以为常了。在这种情况下，我进步特别快。”据教师B的描述，当时她们学校包括这位老教师在内，总共只有三位英语教师。在这位老教师的带领下，她和另外一位英语教师在北京市刚开始实施市级骨干教师评选时，先后被评为市级骨干，几年内全区仅有的两位市级骨干被她们学校包揽。从教师A和B的经历看，有经验的同伴对于新入职教师学科教学知识的发展起到重要促进作用。随着教学经验的积累，同伴互助交流及名师和专家引领也将发挥重要作用。教师A认为名师的引领会让自己少走弯路。她后来有机会拜了北京市两位特级教师为师父，平时遇到教学问题就向她们请教，请她们帮助分析自己的困惑。在此过程中，专家引领结合自身思考形成教师能力提升的重要推动力。由同伴、校外名师、专家构成的教师共同体在教师学科教学知识的发展中起着重要引领作用。

(三)自我反思和经验积累

美国学者波斯纳提出的教师成长公式"教师成长＝经验＋反思"说明教师的成长是一个发现问题、解决问题、总结经验、反思实践的过程。教学经验和反思是教师学科教学知识发展的最重要来源之一(刘清华，2005)。教师A描述了她帮助学生快乐学英语、激发学生学习兴趣的教学经验案例。在进行人教版《新起点》三年级(上册)My clothes第一课时的词汇教学时，为了帮助学生学习有关颜色和服装的词汇，使学生能够学会用颜色描述各种服装，教师A用硬纸板做了一个长长的蜈蚣，将蜈蚣的身体分成不同部分，并涂上蓝色、红色、绿色、橘黄色、粉色和黑色等不同颜色。授课时，她首先展示蜈蚣身体的前两部分，请学生说出这两部分的颜色，然后将蜈蚣的身体逐渐展开。每展开一部分就请学生重复一遍展示出的所有颜色。此活动实现了学生对颜色词汇的感知，并激发了学生的兴趣。他们很快记住了所有颜色的英语说法。学习完颜色的单词后，她拿出事先准备好的用透明塑料纸剪裁的围巾、手套、夹克、毛衣、马甲、裤子等各种服装道具。先询问学生喜欢什么颜色的围巾。如果学生说喜欢粉色的，她就将塑料围巾放在蜈蚣身体上的粉色部分，围巾就变成了粉色，并引导学生说出"a pink scarf"，学生感觉很好玩，争先恐后地尝试。通过这个活动，帮助学生学会了描述各种颜色的服装。之后教师A进一步帮助学生巩固关于颜色和服装的词汇。她将服装道具分发给学生，请学生给衣服涂上自己喜欢的颜色。她提问到哪个学生，学生就用英语说出自己衣服的颜色。在最后的运用环节，教师A利用了两张教材配套的服装挂图。但没有直接指着挂图请学生说出是什么衣服，而是自己比照挂图剪裁了一些服装并涂上不同颜色，分别粘贴在两张挂图的相同位置，比如挂图A的羽绒服是蓝色，挂图B的羽绒服是橘黄色，请学生找不同。通过这种方式，学生积极参与学习、操练和运用语言。教师A在多年的教学中积累了很多寓教于游戏的有趣、有效的教学活动。案例表明教师A具有丰富的、有效激发学生学习兴趣的教学策略方面的学科教学知识。

教师只有经常审视和反思自己的教学，通过批判性思维加工过程对教学进行剖析，才能不断从经验中学习，建构个人知识，提升实践智慧，促进自身专业发展。一位教龄12年的小学英语教师(以下简称教师C)教授北师大教材六年级(下册)The weather一课时，在导入阶段提问学生"Who cares about weather? How about you? Why?"，学生不知如何回答。于是她将问题改为

“Do you care about weather?”学生表示自己并不关注天气。课后，教师C通过与学生交流了解到，他们将关注天气理解为听天气预报，认为自己并不关注天气预报。这一教学环节引发了教师C对教师提问的准确性和有效性的思考。她反思道：“教学设计往往是基于教师自己的理解。教师的理解可能会与学生的理解有出入，而且有时教师的引导也有失准确。虽然开放性问题能够提升学生思考的深度和广度，但课堂上封闭式问题也不可缺少，各种提问类型必须有效结合。”教师C对教学现象具有较高的敏感度，与学生的交流促进其自我反思，对课堂提问策略有了深入认识和思考，提高了学科教学知识中的教学策略。

(四)参加讲座等专业培训活动

参加讲座等专业培训活动是帮助教师开阔视野、补充知识、梳理和改进教学实践的有效途径。根据笔者多年教师培训的经验，不同发展期教师的培训需求不同。总体来说，参训教师喜欢授课专家能够结合具体实例阐述相关教学理念；乐于与优秀一线教师对话，分享优秀教师的教学经验和智慧；愿意观摩优秀教师授课；或者请专家走进自己的课堂进行听评课研讨等。教师们普遍认为纯理论知识的讲座无法满足他们的实践需要，无法将理论有效转化为教学实践中所需要的学科教学知识。

一位从教10年的初中英语教师(以下简称教师D)参加了笔者所在部门组织的教师培训。她在培训结业交流学习体会时说：“此次培训中，一位中学优秀教师结合自己的教学实践所做的《中学生英语学习策略培养》的讲座触发了我的灵感。十几年的教学工作使自己很疲惫，现在调整了心态，充满激情，有了方向和动力，迫切想去尝试一些新想法，改进自己的教学。以前自己的教学理论和实践相脱节，现在知道如何将理论和实践相结合了。我已经尝试将她介绍的很多教学策略用在自己的课堂上，效果特别好。例如，我在教学中试验她介绍的‘英语通行证’活动，引导学生形成自我评价学习的习惯。每次下课前5分钟，我要求学生总结本节课的收获，即说出至少一个本节课自己学到的语言知识点或者语言结构，并且后发言的同学尽量不重复前面同学的内容。发言后学生可以得到一张出入教室的‘英语通行证’。下课时学生需出示‘英语通行证’才能够离开教室。这种做法将趣味性、自主性的学习和评价相结合，备受学生喜爱。”教师D参加专业培训后，将聆听讲座学到的知识用于教学实践，扩展了自己的学科教学知识，并运用恰当方法检测学生的学习，引导学生自我总结、评价，及时强化知识点。由此可见，有效的专业培训活动是促进教师学科教学知识增长、专业发展的途径之一。

(五)参加优质课、观摩课的听课和比赛

参加优质课、观摩课的比赛，亲身经历反复磨课的过程能够快速有效促进教师学科教学知识的发展。一位10年教龄的初中英语教师(以下简称教师E)参加了主题为“在中学听说课教学中体现支持学生参与的教学策略”的市级观摩课比赛。她赛后反思“一节展示课不仅是技术层面的提升、技巧的展现，还体现了观念的更新。经历了这次展示课的磨课过程，发现自己最大的改变是教学理念的提升。我深切体会到了以下几点的重要性：(1)为学生创设平等、民主、开放的学习氛围，这样学生才敢于质疑、提问，畅所欲言；(2)支持学生参与学习意味着给学生创造充分的自由空间，让学生有动脑思考、动口表达、自主参与学习活动的空间，从而获取知识；(3)要提供让全体学生参与的时机，使全体学生能够有效地参与学习过程，其中关注学困生的学习状态是关键。一个月的磨课使我真正了解并基本掌握了在初中英语听说课教学中如何给予学生科学、具体、有效支持的方法，也找到了自己课堂教学中的不足，明确了今后课堂教学改进的方向。我认识到观摩课比赛并不是要磨出一节精品课，而是通过这一过程帮助自己深入反思教学，将来上出更有效率的常态课。经历了这段磨课，我感受到了进步和教学的快乐。”该案例显示教师E通过参加观摩课比赛，获得了关于“在中学听说课教学中支持学生参与的教学策略”主题的学科教学知识。参加优质课、观摩课比赛是一个痛并快乐着的过程，磨课中同伴的帮助、专家的指导以及教师自己的思考合成有效的催化剂，促使教师特定主题的学科教学知识快速形成。

(六)研究教材、教学参考书及阅读专业书籍

教材是教师教学内容的载体。教师在分析教材的基础上制订教学计划，确定教学目标和教学设计。教师研究分析教材能够加强对知识的理解，把握知识的逻辑联系。教学参考书分析教材的有关内容，在教法上为教师提供一些建议，帮助教师更好地理解和使用教材。研究教材及教学参考书使教师获得一定的教学组织和方法等知识，帮助教师确定教给学生什么知识，为什么要教这些知识，以及这些知识具有怎样的价值，丰富教师在教材利用方面的学科教学知识。教师A在访谈中提到参编人教版《新起点》教材、教参的经历使她能够宏观地分析教材，更好地理解整册书的体系及编写意图。对教材更深层次的理解帮助她更好地确定教学目标，进行教学设计。教师B在教授北京版教材第六册 How can I get there? 一课时，没有照搬教参上的教学目标，而是在研究教材的基础上结合学生的实际情况，分层确定了知识和技能的教学目标：(1)能听懂并认读本课生词；(2)能听懂并回答直线关系的问路方法；

(3)能就较复杂的路口、弯路进行问路对话；(4)能就问路情景进行课本剧表演。这些教学目标体现了层次性，明确了不同学习程度的学生应达到的要求，体现了教师B在确定“教什么知识”方面的学科教学知识。除了研究教材、教参外，阅读专业书籍可以使教师学习先进的教育教学理论，并获得多方面的知识，这也是发展学科教学知识的重要来源之一。

(七)学生研究

教学相长，学生也是促进教师学科教学知识发展的重要因素。学生研究指教师针对教育教学中的问题，通过观察、访谈、问卷、作品分析、测试等方式，有目的地对学生进行研究以解决问题的过程。这要求教师在教学过程中及时从学生那里获取反馈信息，时刻反思并重新建构教学活动。学生研究有助于了解学生已经学会了什么，学习兴趣如何，学生学习这些知识是否会有困难，以及如何帮助学生克服这些困难。季苹(2010)曾说教师专业发展的主要内容是责任感，是基本功，是学科性知识，是教育性知识。教育性知识的核心内容之一就是学生研究，学生研究与责任感、基本功、学科性知识之间有着密不可分的关系，是促进教师专业发展的基本方式之一。教师A描述自己同时教三个班，会依据课堂观察以及师生互动中学生的反馈不断改进同一节课的教学设计。往往最后一个班的教学设计与最初的教学设计已经相差很多，但却是最完善的。一位教龄5年的高中英语教师(以下简称教师F)教授北师大版必修模块一 Unit 2 Heroes Lesson 3 Sports Stars 阅读课的第一课时。课文是一篇人物传记，介绍了网球运动员大威和小威的基本情况、生活背景以及她们在体育事业上取得的成就。为了帮助学生理解课文，教师F设计了回答问题、判断正误、填写表格等阅读活动。笔者在指导教学设计时建议她最后设计开放性问题检测学生的输出，如“By learning the text，what do you think makes success?”。在讨论这一问题时，学生用到了本节课学到的“train hard、parents' support and help、be strict with、play each other、compete against each other”等重点词语搭配。还有学生就大威和小威两姐妹既互相合作练习打球，又在球场上竞争，促进了彼此事业发展进行了评论。课后，笔者邀请教师F共同访谈了部分学生。当问到学生最喜欢本节课的哪一种活动形式时，学生回答：“讨论最后一个开放性问题。”因为“这种问题能够激发我们的思考，训练我们的口语表达能力”。听到学生的反馈，教师F很惊讶，反思道：“以前我总担心开放性问题太难，学生说不出来，会不喜欢这类问题。没想到今天课上学生表达得这么好，课文中学到的重点词汇都用上了，而且学生这么喜欢口语表达活动。以后我会多给学生创造口语表达的机会。”学生访谈促进了教师F教学活动设计方面的学科教学知识的增长。因此，学生研究是辅助教师发现教学问题，了解学生，促进学生发展，形成学科教学知识的有效途径。

除了本节分析的几种因素外，上学时的经验、职前教育、参与的课题研究等也是影响教师学科教学知识发展的因素。教师学科教学知识的生成与发展是一个不断建构的过程。对刚入职的教师(教龄约1—3年)而言，最好的方式是通过有经验同事的引领掌握基本的教学技能。成熟期教师(教龄约5—10年)对教学有了自己的思考，但同时面临很多困惑，自我反思及同伴交流能够帮助这一时期的教师不断积累教学经验。骨干期教师(教龄约10—15年)在经验积累的基础上开始逐步探究经验背后的理念，通过阅读相关理论书籍、参与课题研究或者专家引领将经验逐渐上升到理论层次，形成自己的风格。卓越期教师(教龄约15—20年)基本能够形成丰富、完善的学科教学知识，能够在教学中发挥引领作用，将自己的经验介绍给同伴教师，影响和帮助他人。

总之，在追求学科教学知识和专业发展过程中，教师需要刻苦钻研，勤于思考和积累，乐于反思和交流。自身、同伴、专家、学生、专业培训活动和教材研究等都是影响学科教学知识发展的因素。

第二节　通过校本教研促进专业发展

一、校本教研是促进英语教师专业发展的重要途径

随着新课程改革的全面推进，如何提高教师自身的专业发展成为一个重要课题。陈向明(2003)提出实践性知识是教师专业发展的知识基础，认为中小学教师在从事日常教育教学工作实践中能够获得自身发展。在这种“实践”中，教师并不是简单地应用所学的专业理论知识，而是以一种“在行动中反思”的方式推进：发现问题，形成假设，采取对策解决教学实践问题。这要求教师不仅是一个“教书匠”，还要有“教师即研究者”的发展理念。而校本教研强调教师是研究主体，以教学实践中的问题为研究内容，研究的目的不在于追求理论上的突破，而在于解决教育教学实践问题，提高教师的实践性知识。因此，校本教研能有效提高教师解决实践教学问题的能力，是促进教师专业发展的有效途径。本节采用案例研究方法，以一位参与校本教研的英语教师为对象，记录、分析了校本教研促进教师专业发展个案的过程：通过课堂教学实践观察，发现教学问题；通过深度访谈，确定研究主题；通过集体研讨

及个体反思，寻找解决问题的途径与方法；通过课例展示，验证问题的解决效果及教师专业是否得到发展。

二、校本教研的内涵

关于校本教学研究，很多学者都从不同的角度进行了界定，校本教研被看成一种活动，一种行为，或是一种教学研究类型。校本教研有三个核心要素：教师个人、教师集体及专业研究人员。教师个人的自我反思、教师集体的同伴互助、专业研究人员的专业引领是开展校本教研和促进教师专业化成长的三种基本力量(余文森，2003)。校本教研强调以校为本，以课堂教学为载体，发现及解决教学中的问题。吴永军(2007)认为，校本教研是指教师在教学过程中以教学问题为中心开展的研究活动，学校是校本研究的主阵地，教师是校本教研的主体，教学问题是校本教研的核心，行动研究是校本教研的主要形式，而课例研讨是校本教研的具体形式。在这个界定中有四个核心概念：研究主体、教学问题、行动研究以及课例成果的呈现形式。本节以个案研究的方式，对校本教研中的以下几个方面进行探索：在校本教研中教师的研究主体地位的体现；专业研究人员及同伴在校本教研中的作用；如何发现教学问题；如何采取对策解决问题及以课例的形式呈现问题的解决结果。

三、研究个案与研究内容

笔者与同事参与了一所中学的校本教研活动，研究个案是一位有着10年教龄的初中英语教师(以下称为C老师)。在笔者对于C老师的职业发展阶段前期问卷调研中，她提到自己正处在发展的停滞期，迫切需要提升自身的专业水平。关于“是什么原因导致发展的停滞现象”的问题，C老师的回答是：“不变的生源，学生英语基础的薄弱，导致教师对自身专业知识的需求越来越低，失去进一步提高专业知识的愿望；缺少外出听课的机会，缺少本学科专业人士的指导。”个案的回答透露了两点信息：第一，将学科知识等同于教学实践知识，认为学生英语水平制约了自己的专业发展；第二，期待专业人士及同行对自己的帮助，后者促使她参加此次校本教研。通过近两个月的校本教研活动，C老师的教学理念有了很大转变：反思能力、教学实践知识，特别是课堂应变能力有非常明显的提高。下面笔者描述此次校本教研的过程，分享校本教研促进教师专业发展的个案研究：通过同伴课堂教学实践观察，发现教学问题；通过专业研究人员的深度访谈，确定研究主题；通过集体研讨及个体反思，寻找解决问题的途径与方法；通过课例展示，呈现研究成果及专业发展。

四、研究过程

(一)观察课堂教学实践，发现教学问题

教师通常更多地关注的是教学现象，较难发现教学中的问题。课后说课或反思时，老师们谈得最多的是自己的教学体会，经常描述上课中成功或者不如意的教学现象，但教学现象反映了什么教学问题？如何透过现象看问题的本质是研究的第一步。

【案例 4-2-1】

C 老师在教授人教版教材七年级(上册)Go For It Unit 11 第一课时 What time do you go to school？时，先用了自己的日常活动图片作为导入，然后过渡到询问学生的日常活动。

T：This is my daily routines，now I want to know more about your daily activities.

T：Can you tell me what time you usually go to school?

S1：I usually go to school at 7：00.

T：What time do you have lunch?

S2：I usually eat lunch at 12：00.

课堂教学按照教师的预设顺利地进行。但是，当 C 老师问到下一个问题时，意外情况突然出现。

T：What time do you usually play basketball?

S3(男)：I don't play basketball.(老师和部分学生都笑了)

T：You don't play basketball. OK. Sit down please.

T：And how about you? What time do you usually play basketball?

S4(男)：I don't play basketball either.(老师自己和部分学生又笑了)

T：Sit down please. How about you? Do you like playing basketball? Yes or no.

S5(女)：No.

T：Oh. How about Yang Jing?(班上一位性格活跃的女生，可能老师认为她会配合回答问题)?

S6(女)：No.

T：You don't like playing basketball. How about this boy，Chen Zihao，yes?

S7(男)：I usually play basketball at 5：00.

此时，笔者替C老师松了一口气，在问到第五位学生时，终于有一个学生回答喜欢打篮球了。但C老师在这个环节耽误的时间明显有点长了，如果还是没有问到一个学生喜欢打篮球，难道C老师会继续一个个学生问下去吗？这一教学片断反映了C老师在课堂应变方面的问题。

(二)开展深度访谈，进行问题诊断，确定研究主题

为了进一步了解C老师教学行为背后的教学理念及想法，课后笔者对她进行了访谈，探究问题的原因，解析她的困惑。

问：对本节课最大的感受是什么？

答：课上得没想象中顺利。

问：你认为课上得不顺利的原因是什么？

答：学生配合得不好，在回答问题环节浪费很多时间，无法顺利推进，影响了教学进度。

问：是不是以前上课也出现过学生的回答不是你想要的答案的情况？如果有的话一般怎么处理？

答：在平时的课堂教学中，对于这种状况，基本上用老师的权威性来控制。所以在公开课上一旦出现这种情况，反应很迟钝，不知道该如何应对。

通过以上对话可以看到C老师的困惑：为什么学生会不配合回答问题？换句话说，为什么会出现学生对问题的回答不是老师预设的答案？出现这种情况时教师应该如何应对？

教学活动中教师通常很注重对课堂的充分预设，即精心备课。但即使经过精心准备，课堂教学中很多时候还是会出现“意外”，发生课堂生成(教学实际)与教师预设不一致的情形。很常见的情况之一是教师会预设好自己在各教学环节要问的问题，但学生回答问题的生成有时候与教师预设的答案不一致。当学生的生成与教师的预设不一致时，教师应该怎么办？怎样才能达成预设与生成的和谐统一？通过个案的交流，笔者发现该教师倾向于将问题归咎于学生，认为学生配合得不好，没有认真回答问题，没有反思自身的原因。

(三)同伴集体研讨，寻找解决问题的途径与方法

访谈之后，笔者组织了C老师所在学校英语组教师集体研讨，教师们指出了C老师的教学优点及问题。有教师提到教学时间的掌控问题，根据教学设计，C老师还有一些教学内容没有完成；有教师提到C老师说的多，学生发言的机会少；有一位教师提到了笔者前面描述的教学片断，笔者抓住时机，追问教师们这一教学现象反映了什么问题及产生这种问题的原因是什么？从而聚焦此次行动研究的主题：课堂教学应变能力。通过集体研讨反思，梳理出影响教师课堂教学应变能力的三个主要原因：(1)教师预设不全面，缺少对学生问题回答的全面预设；(2)教师缺少学生研究意识；(3)教师没有认识到英语教学中课堂真实语言交际与互动的重要性。经过集体研讨，大家认为可以尝试从以下三个方面解决这个问题：

1. 认识到全面预设的重要性

案例中C老师出现的问题具有普遍性，启发教师预设要全面，不仅需要预设在各个环节的提问，还要预设学生可能做出的各种回答，以及可能出现的偏差，并且教师要有预设的备用方案，即提问后，针对学生的多种不同回答怎样应对，教师都要设计。但很多时候教师的课前设计考虑不充分，缺少对各种教学活动的设计在课堂实施中学生有可能会出现状况的预设。教师总是喜欢以自己的理解去揣摩学生，按照自己的思路推进教学步骤，以自己的认知和思维逻辑来取代学生的认知理解和情感体验。新课程理念倡导以学生为本，改变学生被动学习的现状，提倡积极主动的、参与式的学习方式，营造宽松民主的学习气氛及和谐平等的学习环境。这就要求教师要留给学生表达真实想法的自由空间，使得学生习得知识，发展智能，以更积极的姿态自主参与学习活动。

2. 做好学生研究，真正做到以学生为主体

C老师在说课时提道："有时在授课时带有自己的主观判断，总觉得有些教学内容很简单，学生应该没问题。结果总是与预想的不一样。"这是因为教师的推断没有依据对学生的研究，只想着备好课，重点知识内容别落下。没有做学生研究，了解学生的已有知识，关心学生的生活经验及兴趣爱好，没有将教学内容最大程度地与学生的生活实际相联系，结果导致不能正确地评估学生。新课程理念倡导将教学内容与学生的生活经验相联系，使学生通过接触与他们的生活密切相关的、比较真实和自然的语言材料，形成学习兴趣。这需要教师多做学生研究，了解学生的已有知识基础及兴趣爱好。例如，本案例中，如果学习本课之前教师与学生随意地交流一下，了解学生们的日常活动安排，对教学设计会有很大帮助，教师的课堂提问会更有针对性，会避免出现学生据实回答问题，却使教师陷入尴尬的情境了。

3. 英语课堂教学应注意语言交际的真实性互动

语言是交际的工具，在英语课堂教学中，教师应注意语言的情景性和交际性。此案例中，教师在问"What time do you do…?"之前应该先问"Do you do…?"来确定对话者会做这件事情，再追问通常在什么时间做？这才是真正

自然地用语言交际。C老师缺少语言交际与互动的意识，只想着这节课的目标语言句型，直接用句型问几点钟打篮球，但班里肯定有不喜欢打篮球的学生。C老师缺乏课堂语言应真实、交际要自然的意识，没有应对学生真实回答的预设，想当然地认为学生一定会配合性地回答在某一时刻打篮球。本案例中，当第一个学生回答不打篮球后，教师就应该意识到在问下一个学生几点钟打篮球之前，应该先问全班学生有谁喜欢打篮球，找出喜欢打篮球的学生后再追问通常几点钟打篮球。在汉语中，这本是很简单、自然的交流过程，但在英语教学中，很多教师缺少用英语真实交际的意识。或者由于教师本身的语言能力所限，使得教师做不到自然、真实地与学生互动。这提示我们，在英语课堂上教师要有用语自然、真实互动的示范意识，鼓励学生用英语进行多话轮的交流，而不仅仅练习、使用本节课的目标语，使得语言的交际性缺失。

通过研讨，大家梳理出预设与生成的内涵。预设指的是对教学因素的全面预先思考及形成的应变策略，包括教学内容和学生两个方面。教学内容包括教材、教学目标、教学过程三个因素；学生方面包括学生已有的知识结构及生活经验，以及学生在师生互动中可能产生的语言与行为。另一方面，课堂教学是一个动态的、师生互动的过程，这种互动的结果就是生成。集体研讨使得大家思考怎样将教学知识与学生已有的知识和生活经验相联系，认识到通过做学生研究有效、全面预设课堂行为，当预设与生成不一致时依据语言交际性原则灵活应对，实现师生真实互动，使教师能够始终自觉监控教学进程，合理把握教学节奏，实现专业发展。

(四)自我反思及实践，优化教学理念，改进课堂教学

发现问题、找到问题的症结后需要授课教师的反思、内化、吸收，思考如何在今后的教学中有针对性地解决问题，体现研究的主体性。集体研讨之后，C老师进行了认真的反思："上完课后我的心情很复杂，课上出现了很多意想不到的状况。课后和指导教师及同事们进行了交流，我抱怨孩子们有多么不配合。而大家却说我课前预设不够；面对课堂的突发状况，需要有一定的应变能力，不能埋怨学生。而我在平时的课堂教学中，对于出现的突发状况，基本上用老师的权威性来控制。因此从某种角度上来讲，扼杀了孩子的创造力。从和大家的交流中我深深感受到要做个好老师，自己需要改进和学习的地方还很多。而平时这些细节根本就没有引起我的关注。"

从C老师的反思可以看出，她已经对预设与生成的关系、课堂灵活应变的重要性有了清晰的认知，更重要的是有了从自身寻找原因解决问题的意识。

一周之后，笔者再次观摩C老师同一主题内容的教学展示。导入环节，C老师设计的第一个活动还是展示五幅关于自己日常活动的图片，让学生了解她一天的日常活动及做这些活动的时间。要求学生看完后回答1—5幅图描述的各是什么活动，在什么时间做的这些活动？通过这个环节引出本节课的两个目标语句型："What time do you usually…? I usually …at…"。以下是教学片断描述：

T：Now please look at the picture. Can you see the picture clearly? Yes or no?

Ss：Yes.

T：What am I doing?

Ss：Go home.

T：What time do I go home?

Ss：At six o'clock.

T：Now I want to show you more pictures about me. Please look at the pictures carefully. And then tell me the time and activities as many as you can. Is it clear?

Ss：Yes.（只有个别学生反馈）

T：Let's see. Try to remember the time and activities.

C老师以每秒钟一幅图片的速度快速翻着课件上的图片，在图片上依次会闪一下描述图片的动词短语及时间信息，五幅图的信息依次为：cook the dinner/7:00pm；walk/1:00pm；do housework/9:00pm；go to work/7:00am；surf the internet/10:00am。

展示完一遍图片后，C老师问："Now who can tell me the answer? How many pictures can you remember?"。看到没有学生回答，老师又说道："Have a try，who can? Any volunteers? Wang Jing，have a try."。该学生回答说："No."教师一边扫视教室里的学生，一边鼓励道："Who can have a try，don't be nervous."。看到学生仍然没有反应，C老师好像意识到存在的问题，改变了策略。她以第一幅图片为例，说道："For example，at 7：00 pm I cook the dinner. Yes? Let's have a look at the other pictures."。C老师请学生又看了一遍图片，这次是一幅幅地展示及讨论。学生都回答得很好，实现了活动设计目标。

课下，笔者与C老师进行了访谈：

问：本节课的授课感受是什么？

答：不是很顺利，导入环节用的时间太长了。

问：有没有想原因是什么？

答：可能我的指令语太长、太复杂了，学生不容易明白。

问：还有没有其他原因？

答：备课的时候考虑不充分，上课展示时发现，图片没有按照一天中的日常活动顺序排列，早晚的活动杂乱地混合在一起，让学生记住图片的顺序、各项活动内容及时间确实很困难。

问：这是不是你改变活动要求的原因？

答：是的，我及时做出调整，没再要求学生看完所有图片后回答，而是改为一幅幅地描述图片，因为这一活动的目的是引出目标语言，不是考查学生的记忆力。

C老师在反思中写道："这次上课，使我认识到应该精炼自己的课堂用语。同时，讲课时我对学生的听课反应格外关注，心里不再只是想着'下个步骤该是什么了'，而是'学生学得怎样了'。讲课的过程不再是按预设的剧本往下'演戏'，而是与学生共同碰撞体验，我感觉自己又进步了。课上依然出现了一些意外状况，以往会让我手足无措，不知如何应付，这次我尝试应对。我感到在专家和同事的帮助下我真的成长了。"

五、校本教研带来的教师变化

通过近两个月的校本教研活动，在发现问题、探究问题、解决问题的研究过程中，C老师共展示了六次课例研讨课，在以下几个方面有了很大变化：

(一)转变了教学观念

C老师树立了以学生为中心的教学理念："我以前常用'学生差'这个借口推脱自己的责任，现在我明白了合格的教师不能只满足于按部就班地按照预设完成教学任务，而要实现与学生的思维碰撞和情感共鸣，帮助学生形成对知识的认知结构，引导学生在课堂上逐渐生成和构建他们的知识体系。"

(二)完善了教学技能

C老师遇到突发教学事件，特别是预设与生成不一致的情况时，不再抱怨学生不配合，不再用老师的权威来控制，而是尝试积极、灵活应变。此外，在与学生互动、掌控教学节奏方面也有很大提高。

(三)提升了反思能力

C老师从过去认为学生制约了自身的专业发展，转变为反思自身因素，通过反思发现问题，推进教学，提高自己的教学实践。

（四）增强了自信

笔者有一次和C老师交流参加此次校本教研活动她最大的收获时，她认为“比以前更加自信、稳重、成熟”，当追问原因时，她说“这与专业研究人员的指导和肯定，同事们经常听课和提出好的建议分不开”。

（五）增强了问题及研究意识

通过此次校本教研，笔者与C老师成为好朋友。此次校本教研活动结束后不久，C教师与笔者在网上有了一次交流：

C老师：李老师，打扰一下，试卷讲评课怎样上才有效啊？

笔者：你现在的思考很多，为什么会想到这个问题？

C老师：我最近上试卷讲评课总觉得效率不高。

笔者：那有没有探究问题的原因呢？

C老师：我按照传统的方式讲评试卷，一周后用原题对学生进行测试，学生成绩没有任何改变，说明试卷讲评课无效。有没有既让学生记忆深刻又能让他们很关注自己的试卷的好方法呢？

笔者：我为你提供些相关资料。

C老师：我再思考思考，在课堂上进行一些尝试，然后我们再交流。

通过此段对话，可以看出C老师已经有了问题意识，在科研意识方面也有提高。

本节以个案教师课堂教学理念、课堂教学行为的动态变化为主线，分析了个案教师在教学观念、教学行为、科研意识方面的提高，证实了校本教研对教师专业成长的促进作用。案例表明教师的专业发展需要在教学实践中不断完善。校本教研可以促进教师将隐性的教学问题显性化，促进教师思维方式及教学理念的转变，教学行为的优化及科研意识的增强。教师专业发展是一个复杂的过程，影响因素很多。而校本教研是促进教师专业发展的有效途径。校本教研中的专业研究者引领、同伴互助、个人反思等因素与发现教学问题、探寻解决方法及呈现解决结果的课例行动研究的过程相结合，超越了传统课程的实施模式，对促进中小学教师的专业发展起着积极的作用。

第三节　通过撰写教学反思促进专业发展

一、撰写教学反思的重要性

教学反思研究最早开始于20世纪80年代，首先在美国、英国、澳大利亚等国的教师教育界兴起。在我国，最早的系统研究教学反思是在20世纪90年代。国内外关于教学反思的研究表明，教学反思在教师专业成长与发展过程中的作用非常重要，培养具有反思意识和反思能力的教师也成为教师教育的主要目标之一。教学反思能使教师的行动变得有意义，会提高教师采取知情行动的可能性，能使教师发展关于实践的基本理论，教学反思是教师专业成长的有效策略(赵明仁，2009)。一个教师写一辈子教案不一定成为名师，但一个教师如果写三年的教学反思，就有可能成为名师(叶澜，2001)，这说明了教师撰写教学反思的重要性。我国目前对教学反思的研究多集中在反思的内涵、意义、特点、方法和内容维度等层面(刘加霞、申继亮，2003；李长吉、张稚君，2006)，也有研究者做了中学英语教师反思日记的反思水平分析研究(李华，2008；刘旭东、孟春国，2010)，以及结合反思片段分析，探讨撰写教后反思的有效策略(杨妙，2012)。但结合具体学科和完整反思案例探讨如何撰写教学反思的研究比较缺乏。目前，中小学英语教师不同程度上都在撰写教学反思，然而根据笔者的调查和研究发现，教学反思的撰写情况不容乐观，中小学英语教师如何撰写高质量的教学反思，仍有继续深化探究的空间。本文结合中小学英语教师教学反思的撰写现状，针对教学反思内容笼统、缺少聚焦点的问题，提出案例式反思的概念，尝试建构中小学英语教师撰写案例式反思的框架，并结合一篇完整的反思案例进行详细的分析，为中小学英语教师撰写教学反思提供一个角度及参考，以促进教师撰写教学反思的水平，进而提升教学研究能力，实现专业发展。

二、英语教师教学反思撰写现状分析

笔者近年来结合中小学英语教师培训工作，对中小学一线英语教师的反思撰写现状做了调研，要求教龄在10年左右的小学和初中英语教师各60名在培训开始前提交一篇平时撰写的教学反思。笔者通过梳理发现，老师们的反思主要可以分为以下两大类：

(一)优、缺点两段式反思

【案例 4-3-1】

优、缺点两段式课后反思

Unit 7 I'll miss you. Lesson 20 Revision

本节课是本单元的复习课，也是本书的最后一课，虽然教材只是针对本单元重点内容进行复习，但在实际授课中可结合整个小学六年所学知识来进行综合有效的复习。首先，通过展示图片、提问、连线、游戏等方式复习本单元重点单词、短语及语法，并适当进行扩充，然后通过练习巩固以上知识，之后通过 mind map 梳理课文思路并复习重点句式，最后运用重点句式进行写作。

纵观整节课，我认为这节课有以下优点和有待改进的地方：

一、优点

1. 教师运用演绎法进行复习，学生领悟能力较强，知识掌握情况较好，取得了良好效果。

2. 运用 mind map 进行英语阅读教学，有效地帮助学生分析文章结构，并在其他文章中运用，达到较好效果。

二、有待改进的地方

1. 导入时间过长，应简单而有效地进行导入，快速进入主题。

2. 教学环节衔接不当，环节间铺设不到位。

3. 教学方式较单一，应该设计多样的提问方式。

(注：本反思为学员培训开始前提交，笔者没有做任何修改)

(二)关于整节课的全面反思

【案例 4-3-2】

整节课全面反思日志

外研版教材 M10 U1 为听说课，主要学习月份、节日和过去时表达过去生活的用法，用贝蒂的爷爷的生活为话题，谈论过去的生活。我安排听说练习为主，从词汇到听力，从听力到输入，再从输入到输出，学生学起来层层递进，基本达到了掌握相关词汇和过去时一般疑问句的教学目标。在教学过程中，我先注重解决词汇，如月份的学习，节日的补充，还有结合语境时练习介词 in 的用法。我把教材内容适当做了调整，先做活动 2，让学生巩固有关月份的词汇，再进一步做活动 3，让学生能自己书写或者抄写新单词，之后再介绍节日，回到活动 1，这样学生的学习由浅入深，富有层次感和递进性，介词 in 的引入和使用也很自然，语境的使用让学生更好地掌握新知识。之后再做活动 4 就显得水到渠成了……

以上两篇反思是中小学教师教学反思的典型代表，可以看到，无论长短，这两类反思有一个共同的特点，即都是关于教学的笼统、概括式的全面反思，缺少聚焦点和明确主题，没有关于具体问题的描述和分析。依据不同的标准，教学反思时间、形式、内容有不同的分类，例如，教学前反思、教学中反思和教学后反思；内隐的思维活动(想一想式的反思)、外在的行为表现(写出来的反思)；专题反思和整体反思等。笔者在调研中发现，教师们提交的反思基本都是整体性反思，几乎没有一篇是专题式反思。

笔者同时对前面提到的 120 名中小学英语教师进行了关于教学反思撰写情况的问卷调研，其中一项题目是"影响您撰写反思的水平的主要因素有哪些?"根据问卷分析，归纳出老师们认为的主要影响因素：自己的观念与重视程度；反思撰写指导；教师个人的理论素养、研究能力；学校教育的价值取向，即对教学反思的重视程度；撰写反思的目的性和对反思价值的正确认识。其中，关于反思撰写的指导方面，有教师指出从教以来只是被要求撰写反思，但没有接受过关于反思撰写的具体指导，不知道该如何撰写有效的反思，思想不清晰，不清楚从哪些方面去写，思路不清晰，特别是不知如何上升为理论层面的分析，这方面需要指点与引领。

针对中小学英语教师教学反思的撰写现状以及影响撰写反思的因素分析，特别是针对反思的形式单一、内容空洞和流于形式这一问题，笔者尝试建构一个案例式教学反思的撰写框架，以期解决如下问题：撰写教学反思时需要注意哪些问题？如何能结合具体的教学实践写出好的教学反思？如何结合教学案例，增加反思的实用性和撰写的可操作性？如何将教学反思和教师专业发展相结合？

三、反思研究理论基础

国内外研究者关于教学反思水平开展了研究。Sparks-Langer 等人(1989)提出了教学反思思维框架，根据教师对教学事件的描述方式以及对事件做解释的方法和准则，将教师的教学反思水平划分为七个水平层次。为了更清晰，笔者以表格的形式呈现，如表 4-2 所示：

表 4-2 教学反思水平的七个层次

水平一	没有描述性的语言，对教学事件不会解释
水平二	开始可以用简单语言对教学事件进行描述

续表

水平三	可以用教育学的术语给事件贴上标签
水平四	用传统的及具有个人偏好的语言对教学事件进行解释
水平五	用合理的教育规律对教学事件进行解释
水平六	对教学事件做解释时对各种背景因素进行考虑
水平七	解释时考虑到如政治、伦理道德等方面内容

（改编自斯巴克斯·兰格等，1989）

Hatton 和 Smith(1995)将教学反思划分为四个水平，如表 4-3 所示：

表 4-3　教学反思水平的四个层次

水平一	描述性作品，教师仅仅描述教育教学过程中发生的事件，对教学事件没有尝试着进行解释和证实
水平二	描述性反思，教师尝试着对教学事件和教学行为进行解释与提供证据，但仅仅依据个人经验以报告或描述的方式进行
水平三	对话性反思，与自己对话，对教学事件产生的可能原因进行分析、探究
水平四	批判性反思，给出所做决策的理由，同时也包括更广泛的历史、社会、政治方面的原因

（改编自哈顿和史密斯，1995）

李华(2008)借鉴国内外学者对教师水平的划分理论，根据教师当前反思水平的实际提出三种反思水平，如表 4-4 所示：

表 4-4　教学反思水平的三个层次

水平一	回顾描述水平，对已经发生的教学事件进行回顾，思考哪些教学环节是成功的，哪些教学环节是失败的，可能会提出问题，但未能分析
水平二	理性水平，能提出问题，并能从英语新课程教学理念或教育学、心理学等理论方面分析问题
水平三	行动研究水平，能在理性分析问题的基础上，提出改进方法、意见和建议，再付之于教学实践去检验

（改编自李华，2008）

以上研究者将教学反思水平划分为不同的层次，但从他们的划分中可以看出，教学反思水平从低到高的层次能被概括为：教学事件的描述—教学事件的简单分析—教学事件的多维度分析。其中，教学事件的描述是基础，在教学事件描述的基础上再进行不同层次的分析。但从分析中小学英语教师撰写的教学反思中发现，很多教师在写反思时缺少描述典型、关键事件的意识，只是泛泛地进行阐述，概括性的语言与所反思的教学内容关联性不强，甚至能够放在任何一节课的反思中。靳玉乐(2007)认为，教学反思的途径有行动研究、案例分析、教学日记。因此，笔者将教学案例与反思相结合，提出案例式反思的概念，强化中小学教师在撰写反思时结合教学事件描述进行反思的意识。雷树福(2009)提出，教学案例是教育工作者把教学实践中出现的、能启发思考的典型事例，客观地写成能指导教学实践的描述性文章。教学案例是教育教学实践活动中总结出来的实例，在被描述的具体情境中包含一个或多个引人入胜的问题，同时也含有解决这些问题的方法(教育部师范教育司，2001)。叶澜等人(2001)提出，任何事件本身是无法呈现自身“意义”的，只有在事后的反思中才能断定它是否为“关键”事件。本节中所提的案例式反思，是指围绕着一个或多个具体的、典型的教学案例，聚焦明确主题和问题取向，进行多方面的思考，并且在思考过程中，发现并清晰表征所遇到的教育、教学问题，并积极寻求多种方法解决问题的过程。这种反思目标明确、针对性强，分析也相对较为深入，是研究性反思的一种。案例式反思是适合中小学教师撰写反思的形式之一，既强调进行反思的积极性、自觉性和持续性，也有助于教师借鉴对典型、关键教学事件的捕捉、思考和描述，进行专题式反思，改进教学，同时能够积累研究素材，促进专业发展。

四、案例式反思的撰写框架和反思案例分析

(一)案例式反思的撰写框架

基于以上理论分析，笔者初步构建了案例式反思的撰写框架，包括组成部分、撰写要求和要点解析三个维度，每个维度下面又包括若干要点。具体内容如表 4-5 所示。

表 4-5 案例式反思撰写框架

<table>
<tr><td rowspan="5">中学英语教师案例式反思撰写框架</td><td>主要组成部分</td><td>各部分撰写要求</td><td>具体要点解析</td></tr>
<tr><td>一、题目</td><td>醒目、鲜明的标题</td><td>(1)用事件定标题；
(2)用主题定标题</td></tr>
<tr><td>二、案例背景</td><td>简要、清晰的案例背景介绍</td><td>(1)理论背景、案例主题以及核心概念的介绍和界定；
(2)实践背景介绍，即案例事件发生的背景，例如，授课时间、地点、所用教材、授课教师和授课内容等</td></tr>
<tr><td>三、案例描述</td><td>典型、生动的案例事件描述</td><td>(1)案例事件的情境和过程；
(2)教师教学行为；
(3)学生学习行为</td></tr>
<tr><td>四、案例反思</td><td>深入浅出、多维度的案例反思分析</td><td>(1)教学亮点事件：多维度分析教学亮点的原因；对今后教学的启发；
(2)教学问题事件：多维度分析问题出现的原因；提出对应的改进建议和措施；改进后的效果分析</td></tr>
</table>

案例式反思作为一种主题式反思，可以是一种行动研究的过程。教师可以在一定阶段内聚焦某一个主题，进行持续的系列反思，体现发现问题、分析问题和解决问题的过程。

(二)案例式反思示例

下面笔者将结合一篇培训中学员撰写的案例式反思，分析案例式反思的撰写方法。本反思是笔者对学员撰写的初稿修改过的版本。

【案例 4-3-3】

推测作者观点和写作意图的阅读策略培养案例式反思

一、案例背景

阅读是学生获取英语知识和技能的重要途径，为了提高学生的阅读能力，教师应重视学生阅读策略的培养。但在实际教学中，很多教师缺少结合日常教学内容恰当培养学生阅读策略的意识。授课教师在参加“2013 年北京教育学院城区教师专业促进培训”时在指导教师的指导下，上了一节阅读课，本节课的研究点是培养学生推测作者观点和写作意图的阅读策略，教师设计的培养学生这一阅读策略的教学活动得到指导教师和同伴的认可。本课教学内容是外研版八年级上册英语教材 Module 5 Museums Unit 2 There's no shouting and no running 阅读第一课时。是一篇关于英国科技博物馆介绍的说明文。本文介绍了参观英国科技博物馆的规则，以及作者关于该博物馆的看法。通过分析，语篇适合培养学生通过区分客观事实与主观观点推测作者写作意图的阅读策略。因此，教师制订了以下教学目标：在本节课的学习结束后，学生能够用功能句 you mustn't… 表达参观博物馆的规则；能够读懂有关伦敦科技博物馆的介绍，并提取博物馆简介的细节信息；能够辨别文本中关于客观事实和主观观点的描述，并能够推测作者观点和写作意图。

二、案例描述

一开始上课，教师要求学生回忆自己去过的博物馆，并用一句话简单介绍对博物馆的印象或感觉。然后教师展示了一组博物馆的图片，让学生试着用学过的词汇描述这些博物馆，自然过渡到本课的话题：英国科技博物馆，开始阅读教学。教师先请学生快速浏览课文，了解文章的大意。然后细读课文，完成课本上关于科技博物馆基本信息的细节填表阅读题。之后，教师开始了关于阅读策略训练的环节，目的是通过一个精心设计的阅读活动，指导学生体会和揣测作者的观点和写作意图。以下是该环节教师的教学活动：

T：Do you think the writer likes the museum or not?

Ss：Yes!

T：How do you know?

（这时学生纷纷低头看书，试图从书中找到证据。教师给了学生一些思考的时间，然后继续提问）

T：Does he say "I love this museum"?

Ss：No.

学生在教师的启发下，不约而同地读出文中的最后一句话：

Ss：It's my favourite museum!

T：Good! This sentence tells us the writer's … Opinions.（这时教师将 Opinion 一词写在黑板上）

（进一步启发学生的深度思考）

T：There are many opinions in the passage. Can you tell them? Look at your learning paper. There are 9 sentences. Some of them are opinions and some are not. Read and decide which ones are opinions, and then write an O in front of each sentence.（教师请学生做学案，总结对比摘自文中的 9 句话哪些是客观事实，哪些表达了作者的观点，培养学生区分事实陈述和观点表达的句子）

以下是学案上的内容：

Find out *Opinions* among the sentences. Write *O* in the box in front of them.

□1. The most unusual museum in London is the Science Museum.

□2. In most museums, there's no shouting and no running, and you are not allowed to touch the exhibits.

□3. But the Science Museum is different…because it's noisy!

□4. People talk about what they can see and do there, and some of the machines are noisy as well.

□5. Visiting the Science Museum is fun and it's a great way to learn about science because you can work things out and try out ideas.

□6. Above all, the Science Museum is free.

□7. That means you can drop in for a few minutes or you can stay as long as you like—it's open every day, from 10am to 6pm.

□8. So if you ever go to London, make sure you visit the Science Museum.

□9. It's my favourite museum in the whole world.

（学生自己做完后，教师请学生在小组内交流自己的判断，学生因为答案不同，讨论得很激烈）

T：Now, who can tell me which sentences expressing opinions?

S1：The 1st one, 3rd one, 5th one and 9th one.（已经有其他学生表示不赞同）

T：Who has the different ideas?

S2：The 1st one, 5th one and 9th one.

T：Good. How do you know it's the writer's opinions?（教师引导学生针对答案进一步思考）

教师以学生判定填 O 的第一个句子为例：*The most unusual museum in London is the Science Museum*. 有一个学生回答出了 *the most unusual*。在她的启发下，很多学生渐渐找到了规律。第五句中有 fun 和 great，第九句中有 favourite 一词。教师用醒目的红色圈出这些单词后向学生提问：你如何可以判定某句话是作者的观点呢？学生根据红圈的启发，回答出了“adjectives”，即通过形容词可以看出是作者的观点。

教师继续追问：“除此之外，作者还有没有通过其他方式，展示他的观点态度和写作意图?"学生再次阅读课文，通过小组探讨的方式，找出一个不同于其他答句的第八句“So if you ever go to London, make sure you visit the Science Museum.”。学生得出结论：作者以含有 make sure 的祈使句的方式，表明希望更多人参观这家博物馆的意愿，也就是说，作者很喜欢这家博物馆。教师趁机补充类似“I'd rather…”等祈使词也能表达作者的观点和意图。

进行到这里，教师请学生完成一道关于推测作者意图的阅读理解题：

What does the writer mainly want to tell us?

A. You shouldn't touch anything in Science Museum of London.

B. You can't take any pictures away from the museum.

C. The writer suggests that we go to the Science Museum of London.

D. You can stay as long as you like in the museum because it's very free to visit.

学生很快确定了答案 C：“The writer suggests that we go to the Science Museum of London.” 通过上述环节一步步的铺垫和引导，学生已经能够准确地把握文章中作者的观点和写作意图，显现出初步的训练成果。之后教师请学生做了一篇 2011 年中考阅读模拟题中的一个推断作者观点的练习，大部分学生也都准确地选择出了答案。

三、案例反思

以上案例体现了授课教师在培养初中生推测作者观点和写作意图的阅读策略方面的思考和尝试。教学活动的设计有以下依据：

1.《义务教育课标》在五级阅读技能目标中提到，学生能根据不同的阅读目的运用简单的阅读策略获取信息。初中生在阅读中，需要运用各种策略来达到阅读的目的，包括猜测词义、预测分析、判断推理、归纳总结等。

2. 在英语阅读学习中，学生普遍存在的问题是经常站在自己的立场去审视文本，不试图去理解作者的观点和写作意图，缺少读者意识。或者是混淆文本中的观点与事实，不会辨别推断作者的观点和意图，不利于思维能力的发展。做阅读理解题时，通常将与文本内容相符的信息都认为是符合题意的信息。

授课教师依据以上教学理念的指导，针对学生在阅读学习中存在的问题，精心设计了此次推测作者观点和写作意图的阅读策略培养活动。本次教学活动对授课教师有以下启发：

1. 教师需要明晰英语课程标准中关于初中阶段阅读策略的培养目标，制订阅读策略训练的计划。

2. 教师可以有针对性地进行阅读策略的呈现、训练、归纳和拓展运用，依据教材上阅读材料的体裁、文本内容和写作特点，结合每节课的教学目标，寻找阅读材料与阅读策略恰当的契合点，将阅读策略的培养渗透在日常的阅读教学中，不断提高学生的阅读能力。这些策略需要教师在阅读教学中，有意识、有计划、系统地培养学生来逐步形成。

3. 教师需要对教学文本进行多视角解读，才能使教学更有效。例如，本文作为一篇说明文，学生很容易将关于英国科技博物馆的某一细节介绍等同于作者的观点，为了突破这一教学难点，授课教师通过对文本的体裁、语言特征、适合培养的阅读策略等做了细致分析，设计了有针对性的阅读活动，引导学生根据上下文语境和句子特征，辨别主客观陈述，学会区分客观事实与主观观点，并进而理解作者的观点，推断作者的写作意图，帮助学生形成有效的阅读策略，取得很好的教学效果。

4. 此外，通过此次研究课，授课教师增强了分析、整合教材的意识，理解了如何做到用教材教，而不仅仅是教教材。明确了可以对教材做以下处理：对于有利于达成教学目标的活动可以保留使用；不利于教学目标达成的活动可以删去；有助于达成教学目标但教材中没有的活动可以进行补充；教材本身内容好，但形式不太合适的内容可以改编使用。本次的阅读策略培养活动就是授课教师自己设计补充的。为了突出策略培养的教学重点，保证一节课的教学实效，授课教师删掉了教材上一个阅读课文回答问题的活动。

(三)写作分析

以上示例是一个体现教学亮点的案例式反思，案例的主题是学生发展，即学生阅读策略的培养，案例以主题为标题。在案例背景介绍中，简要描述了教学关注点和研究点，即阅读策略的重要性以及目前英语阅读教学中策略培养缺失的问题，点出该案例的价值，以及相关教学信息介绍。在案例描述部分，采用白描的方法，还原当时的教学情境，有相对完整的情节以反映事件发生的时空特征，揭示了教学工作的复杂性。而对教师和学生行为的描述，提供了关于研究主题的证据，说明反思者的观点和结论不是毫无根据地随意得出。同时，采用通过括号夹注方式，用客观的语言对情境做出解释和说明，制造一些戏剧性的冲突，增强案例的可读性。在案例反思部分，教师首先结合案例从英语课程理念和学生阅读学习现状分析了该阅读活动设计的依据，然后从以下四个方面：阅读策略的培养目标、阅读策略培养与日常教学的结合、文本多元分析以及教材整合，分析了此次研究课对自己的启发，体现了作者对如何在日常教学中培养中学生阅读学习策略的深入思考。

五、撰写案例式反思的建议

关于案例式反思的撰写有以下建议：

(一)题目

案例式反思可以有个性化的标题，可以看到例4-3-3不像例4-3-1和例4-3-2，标题全部为“教学反思”“教学日志”等，而是有可以体现反思主题的题目。案例式反思可以用事件或主题定标题，例如，“为什么学生回答不出来她的问题”是用事件作为标题，上文示例中的题目“推测作者观点和写作意图的阅读策略培养”是用主题作为标题。题目需要能够鲜明地揭示反思的主题，便于日后根据主题对案例进行重新归类，将同一主题的案例进行梳理。例如，例4-3-3中的授课教师可以继续关注对学生其他阅读策略的培养，形成关于学生英语阅读策略培养主题的研究。

(二)案例背景

案例背景描述的特点：

1. 简洁明了，点出反思的主题，界定核心概念。

2. 介绍授课信息和反思的关注点，为后面的案例描述做好铺垫。

(三)案例描述

案例描述时的注意事项：

1. 案例源于教学实践，但不完全是课堂实录，它应以引人入胜的方式展开，有时为了突出主题，提示讨论的焦点，可以对“原型”适当地调整与修改，但不能杜撰。虽然描述的是课堂教学实况，但要根据反思主题对课堂教学实录的信息进行加工整理，有所取舍和侧重，详略得当，便于理解案例蕴含的寓意。

2. 将教学行为和现象转化成书面语言时，描述应清晰，围绕案例本身就事论事，不能太简洁或过于啰唆，不宜做太多、太宽的扩展论述，避免用感情色彩或文学性太强的语言。

(四)案例反思

案例式反思的关键和落脚点在于反思分析到位，进行案例分析时可以注意以下方面：

1. 分析可以从社会背景、英语课程理念、学科性质、教学改革的核心理念等多维度展开，说出一定的教育教学的道理。

2. 对于正面的、有借鉴价值的案例需要分析对今后教学的启发。

3. 对于问题案例需要探究问题产生的根源，提出解决问题的建议。可以在一段时间内持续关注该问题，跟进记录相关改进措施的实施及改进后的教学效果的分析。

4. 查阅资料，阅读文献，如果有一定的相关理论作支撑，能使对案例的反思分析更深刻、到位。

六、结语

反思撰写有很多形式，本节提供的是一种角度和思路。本节的案例式反思属于在教学后撰写的专题反思，这种反思有明确的主题和问题取向，是一种研究性反思。实践证明对指导中小学英语教师撰写反思有一定的帮助，特别是解决反思内容空洞、笼统、缺少主题的问题。需要指出的是教师既可以反思自己的教学，也可以反思同伴的教学。以他人作为参照物，通过对他人教学行为的评价、对比和探究，对自己与他人的差异以及差异产生的原因进行反思是提升自我的一种方式。另外，教师既可以反思教学中的问题，也可以反思教学中的亮点。案例式反思有助于教师结合自己或者同伴的教学，聚焦特定的主题，进行深入、细致的思考，是积累教学经验和研究素材的一种好方法。但不要就此受框架的约束，将教学反思模式化，而要能够在此基础上有自己的创新、发展和完善，尝试写出不同形式、高水平的反思。如果想写出好的反思，还需要在实践中提高。同时，高水平反思的撰写，还需考虑更多的因素，诸如，如何培养对反思主题的敏感度，如何依据学生课堂表现、作品、课后反馈提升反思的专业判断力，如何通过学生访谈、课堂观察反馈表搜集反思的实证依据，如何做有目的、有计划的反思等。希望案例式反思框架为老师们提供可操作性的指导，通过撰写案例式反思，改进教学实践，增强研究能力，积累论文写作素材，实现专业成长。

第四节　通过行动研究促进专业发展

一、行动研究对教师专业发展的作用

在教师专业发展中，最重要的是通过实践的和批判的参与式行动研究，在教师的日常实践中发现、总结、提升并推广教师个人独特的、身体化的、很多时候无法言说的“知识”和“个人理论”。只有教师自身已有的“理论”和“知识”被发掘出来，教师在接受外来理论和知识时才能找到结合点，才会思考是否需要改变自己已有的行为规范、价值观和情感感受，以及影响教师专业发

展的其他外在因素(陈向明，2006)。笔者与一所中学的教师们一起进行了通过美剧学习培养中学生英语核心素养的行动研究。探讨了从听说入手，培养学生的语言能力、文化意识、思维品质和学习能力的途径。本节结合具体课题，从研究问题的发现、研究假设的提出、研究假设的验证、行动研究计划的制订、行动研究计划的实施与调整、学生英语学科核心素养的发展以及促进学生英语核心素养发展的因素分析七个方面，呈现行动研究的具体操作步骤，分析参与式行动研究带给教师的专业发展。

二、研究问题的发现

研究伊始，笔者和项目团队通过问卷、访谈和课堂观察等形式对项目校的英语教学进行了调研。项目校为一所城区的初高中一体校。通过调研，项目团队发现了以下主要问题：

(一)教师的困惑

1. 自己精心设计的教学活动学生不买账。

2. 很多教学方法都用过了，效果不明显。

3. 迫于教学压力而产生的不同程度的职业倦怠。

(二)学生方面存在的问题

1. 一些学生对教材上的听力材料不是很感兴趣。

2. 大部分学生在生活交际中的英语运用能力较弱，学习只是为了应付考试。

3. 学生的听说学习策略运用能力普遍较低，特别是认知策略和调控策略。

(三)英语学科核心素养培养方面存在的问题

1. 语言能力：知识割裂讲解和应试技巧训练偏多，语用能力培养较少。

2. 文化意识：主要局限于文化的浅层次渗透，文化意识培养流于形式。

3. 思维品质：主要停留在记忆、准确性等浅层次思维活动，缺少逻辑性、评判性、创造性等深层次思维能力培养。

4. 学习能力：主要注重学生知识学习，学习能力培养基本上被忽略，缺少对学生做好英语学习自我管理、主动调适学习策略和养成良好学习习惯的系统培养。

基于以上调研出的主要问题，项目团队通过研讨，确定了从听说入手培养学生英语核心素养的思路，并选定了该校初二年级的两个普通班作为研究对象。

三、提出假设

通过对授课教师的访谈，根据授课教师提到的课堂上跟着教师思路走的学生越来越少，上交作业的学生也越来越少等现象，项目团队进行研讨分析，提出了以下假设：

（一）教材上的听力材料形式单一，内容较陈旧，缺少与学生生活经验的联系，造成学生对教材上的听力材料学习不感兴趣，需要补充新的听力学习资源。

（二）随着教材上的听力材料难度加大，一部分学生学习比较吃力，甚至有的学生彻底放弃，学生的整体听力能力需要提高。

（三）学生认为习题式的听力学习方式没有成就感，表现消极。

（四）让学生通过看符合他们年龄、认知特点的美剧，基于剧中语言情境积累学习语言知识，训练听说能力，了解西方文化，能够激发他们的英语学习兴趣；进而逐步推进，培养学生的学科核心素养。

四、验证假设

提出以上假设后，项目团队通过问卷调查、学生访谈等方式对以上假设进行确认。为了解学生对通过美剧进行英语学习的看法，授课教师布置了让学生看一小段美剧《女孩成长记》视频、抄写台词的作业，并借此进行了一个小调查，让学生在交作业的同时在作业本上回答以下三个问题：

1. 你喜欢这样的作业吗？
2. 你认为这样做能有收获吗？
3. 如果有收获，会是什么方面的收获？

作业收上来之后，授课教师做了统计。两个班共70名学生，除了3位没交作业的学生外，只有一个学生认为抄单词浪费时间，但是依然表示能记住几个单词。其他学生都说这样的学习和作业形式很新鲜，有意思，并且能记住不少词汇。另外，通过学生访谈，前三个假设也得到不同程度的验证，例如，有学生认为“英语课就是给那几个听得懂的学生讲的，真没意思”等，也启发授课教师需要激发学生英语学习的积极性。

五、制订行动研究计划

在提出的假设得到验证后，项目团队确定了“通过美剧学习培养中学生英语核心素养”的行动研究主题，并拟订了行动研究初步计划：

(一)学生每周业余时间看一集美剧《女孩成长记》，并抄写台词，然后用红笔圈出台词中的生词并整理在台词后。

(二)学生统一配置台词本，规定用大小一致(16开)的新本，将老师的要求明确写在台词本的扉页上，每次的作业需要写出观看时间及视频名称或出处。

(三)每次写一写看美剧后的收获、体会或反思。

(四)每周一上午英语课下课后上交台词本。

项目组选定《女孩成长记》作为第一部让学生学习的美剧。这是一部关于美国中学同龄孩子的情景剧，以两个女孩好朋友的学校生活为主线，介绍了两人在交友观、价值观等方面的成长，每集长度约20分钟，内容和语言难度都非常适合作为初中生的英语学习材料。

六、行动研究计划的实施与调整

行动研究计划拟定好后，项目组开始了行动研究计划的实施，并在实施的过程中不断调整，调整的依据是学生访谈、学生撰写的反思和对学生作业作品的观察。整个研究过程包括三轮的实施和调整。

(一)第一阶段：初步尝试

[具体做法]

1. 为学生截取该美剧视频片段，约10分钟，让学生抄写所有台词；

2. 周一课上，教师在黑板上写出自己认为重要的单词，检测学生对词汇的掌握情况；

3. 每次交作业之前，让学生写写看过视频后的收获或体会。

[主要成果]

1. 学生对于这项任务很感兴趣，每次作业上交得都很齐。

2. 学生在反思中写到在学习中了解了珍珠港事件、达摩克利斯之剑等历史典故。

3. 学生开始有意识地用中文简单写写观后感。

[发现的问题]

1. 一部分学生的书写比较乱，整理的词句也不多。

2. 大部分学生的感想和反思比较简短，一般就是一句话而已。

3. 学生渐渐对周一老师检测剧中生词的活动失去了兴趣。

根据发现的问题，项目组进行了调查研究，请学生在台词本上回答以下两个问题：

(1)你想看一整集的视频，写出有生词的句子，还是看片段写出所有台词？

(2)你认为这部美剧对你来说难不难？

根据调查，结果表明大部分学生认为这部美剧比较符合他们的语言水平，不是太难；并且表示愿意看一整集的完整视频，仅抄写有生词的句子。

(二)第二阶段：调整和改进

根据调研，授课教师调整了第一阶段的做法。

[具体做法]

1. 每周课下看一集美剧，写出有生词的台词句子，用红笔圈出台词里的生词并进行整理，写出英语单词和汉语意思。

2. 尝试每周一提前抽签决定，请一名学生下周一用 PPT 展示并讲解自己积累的词汇，而不再是教师来进行讲解。

在第一个学生讲解之前，为了给后面的学生做好示范，教师对该生整理的词汇进行把关，并提醒他给大家介绍这一集里出现的文化知识。这位学生完成得很好，其他学生听得也很认真。

3. 在学生做完展示后，教师让全体学生首先针对这一集的话题进行讨论，然后写写自己感受。

其中有一个学生在感想中这样写道："今天课上通过讨论，让我对剧情有了更深入的理解，这样很好，以后看完视频后我会多思考。"

4. 阶段性(每两三周)安排学生互相分享台词本，在小组内对同伴的台词本内容进行互评(4 人一组)，互相写下评语。

以下是一位学生给同伴台词本的评语：Excellent！看得出来你是认真地在做这件事情。体会和收获也很深刻、丰富，向你学习，回家我也想看看《暮光之城》了哦(应该是这位同学除了积累了老师推荐的美剧中的语言知识，还自己主动看了英文版《暮光之城》，并进行了英语词汇和句子的积累)。

5. 阶段性实施同伴互测，同伴互相从台词本上抽出近期整理的 20 个词汇进行测试，形式是给出英文，要求写出汉语意思。

学生对同伴互测活动做出这样的反馈："希望老师以后多安排布置这方面的作业；同学交流，并出卷子，方式很好；可以专门组织这类的竞赛。"

[主要成果]

尝试一段时间后，授课教师对这个阶段的做法进行了调查和总结：

1. 70 名学生中有 50 多名学生反馈很喜欢这种同伴互评台词本的做法，认为给别的同学出题的过程也是自己再学习的过程，希望以后能有更多这样同伴相互学习的方式。

2. 同伴互评起到作用，更多的学生开始认真对待台词作业。

3. 学生的反思和感想越来越丰富和深刻。

4. 台词本成为老师和学生之间、学生和同伴之间交流的媒介。

［发现的问题］

授课教师通过对一些学生的访谈，了解到学生反馈中提到的共性的一点是：每集中遇到的生词有些多，都整理了也记不住。

(三)第三阶段：尝试 10+5+2+1 模式

［具体做法］

根据学生提到的问题，授课教师进行了新的尝试：

1. 制定 10+5+2+1 模式，即在台词整理后的再次整理环节，明确规定写出通过看这一集视频自己真正学会的 10 个词汇或短语；5 句台词；提出 2 个问题；并针对所提的问题写出 1 段反思。

2. 周一进行讲解的学生的 PPT 上也只需要呈现 10+5+2+1 的内容即可。

3. 在同伴互测的基础上，老师定期设计检测卷，检测卷的设计本着学生学什么就考什么的原则进行，以增加学生学习的成就感和对所看剧情的梳理。以下是某一次的检测卷：

Girl Meets World S01e11(The first season, the 11th episode)

Ⅰ. The title of the episode is ________________.

Ⅱ. Please try to answer the following questions.

1. What is Farkle afraid of?

2. What is Riley really scared to do?

3. Auggie is five years old and he needs to sleep alone, but it is difficult for him to do so? Why?

Ⅲ. Fill in the blanks.

1. Nothing to be ________ of at all.(没什么可怕的。)

2. What are you ________ of?(你害怕什么?)

3. I hope all of you who are afraid of something have learned that sometimes things are not as ________(可怕的，恐怖的)as they seem.

Ⅳ. 文化小常识：万圣节（________ or ________)

以上是本行动研究的三轮尝试。第三轮调整之后，美剧学习的活动顺利推进，取得非常好的效果。到学期末，学生看完了该美剧第一季中的前 12

集，涉及的主题有：男女生交往、化装舞会与家庭聚会的冲突、真相、天赋与职业、关于美丽的辩论、如何看待历史、生意与公益、恐惧、被遗忘的人(感恩)等。

七、美剧学习对学生英语学科核心素养发展的促进作用

王蔷(2015)提出，学生以主题意义探究为目的，以语篇为载体，在理解和表达的语言实践活动中，融合知识学习和技能发展，通过感知、预测、获取、分析、概括、比较、评价、创新等思维活动，构建结构化知识，在分析问题和解决问题的过程中发展思维品质，形成文化理解，塑造学生正确的人生观和价值观，促进英语学科核心素养的形成和发展。通过一学期美剧学习行动研究的实施，翻看学生台词本上积累的语言知识，以及记录的感想和反思，可以看出学生英语核心素养有很大的发展。

(一)语言能力的发展

陈艳君、刘德军(2016)提出英语学科核心素养中的语言能力是指借助语言以听、说、读、看、写等方式理解和表达意义的能力，这一能力是作为语言学科的英语课程所应具备的第一种能力，也是英语学科核心素养的第一个维度。语言能力要求学习者可以整合这些语言技能并经由语境与语篇等传递意义，进行人际交流。目前的中学英语教学中，英语学习的输入仍以读为主要方式，视、听的比例相对较少。在本次行动研究中，学生以地道的日常口头交际语言为输入方式，既在语境中学习了语言知识，又能够了解口语交际的语言特点。例如，有学生在反思中写道："我非常愿意做这项作业，因为我以前像列表一样地背单词，只是一段时间里背下来了，不能长久，可现在这样背单词能够记得住，而且背得有趣。"还有学生通过美剧学习掌握了地道的口语表达方式，注意到了真实口语交流中的连读，"我觉得学习这样的美剧比单纯学习英语文章要有趣，更容易理解。我记住了这样的口语表达，如：nope、yep、whatcha、wanna、gonna…"。

(二)文化意识的发展

文化意识指对中外文化的理解和对优秀文化的认知，是学生在全球化背景下表现出的包括知识、观念、态度和行为的品质。英语学科核心素养尤其强调从多元文化的角度对文化品格进行渗入式培养。通过知识获取、内涵比较、异同分析、精华吸纳等手段，学习者应在自尊、自信、自强的价值观引领下达成传播优秀传统文化，理解运用外来异域文化，从而顺利完成跨文化沟通(陈艳君、刘德军，2016)。美剧学习活动对学生文化品格发展非常有帮

助。有一位学生在学习该美剧一段时间后的反思中说："我之前对欧美文化毫无兴趣，但被这一集中 Riley 和 Maya 的友情所感动，也认识到了解西方文化会对英语学习有很大的帮助。"还有一位学生在学完第一季第 8 集后写道："很喜欢剧中 genius girl(史麦科)，她说的话很'高大上'，我从她的话中学到了好多生词，尤其是她在辩论中说的话，我需要停顿好几次，仔细看字幕，才可以理解她话中的意思，并学到了特洛伊木马的典故。"在英语学科核心素养中没有再单独提情感态度价值观维度，但通过文化意识和思维品质的发展，可以自然促进学生情感态度价值观的变化。通过这部美剧的学习，学生在对剧情深入理解的基础上，情感态度价值观有非常大的发展。例如，第一季第 8 集的主题为"关于美丽的辩论"，通过这一集的学习，有学生写道："以前我总以为完美的人就是：学习好、性格好、长得好和家世好。通过学习，我明白了内在美才最重要。就像我的两个学霸同伴：有一位男生穿着非常朴素，红色的上衣都快洗白了；另一位女生，原以为她生于富裕家庭，后得知她出身平凡。所以他们背后一定付出了很多，靠自己的努力取得很好的成就，评判一个人真的不能依据外表。"从这位学生的反思可以看到他价值观的转变。

(三)思维品质的发展

在目前的英语教学中，很多时候教师忽视对主题情境的创设和对主题意义的深层探究，导致思维培养缺失。鲁子问(2016)指出，思维品质内容丰富，不同的思维方式有着不同的思维品质。基础性的品质包括思维的准确性、深刻性、敏捷性、灵活性、批判性等。这些思维品质都可以通过语言学科教育(包括英语学科教育)来提升，而英语学科教育具有其显著优势，因为英语思维的理性、逻辑性、批判性均显著于汉语思维，非常有助于中国学生的终身发展。《女孩成长记》这部美剧每集有一个明确的主题，包括学校生活、家庭、交友、对历史的看法等。这些主题与中学英语课标中的主题非常一致，通过剧中恰当的情境，学生对主题会有深入的理解。例如，第一季第 12 集的主题是"被遗忘的人"，在学习完这一集后，有学生提出以下两个问题并给出自己的思考，体现了学生思维的发展：

1. 为什么学校要组织这种职业体验活动?

学校希望学生通过亲身体验，体会在平凡岗位上为他们服务的人的辛苦。

2. 为什么剧中提到这些"被遗忘的人"?

希望我们学会关注社会底层的人，并心存感恩。

从这位学生提出的两个问题，以及对问题的回答，可以看到他分析问题的能力，跨文化视角观察和认识世界等思维品质的发展。

(四)学习能力的发展

学习能力指学习者应主动拓宽英语学习渠道，积极运用学习策略，从而提升学习效率的一种品质。学习能力体现在对这一学科能保持学习兴趣、有明确学习目标、能有效获取学习资源并选择适当策略通过监控、反思、调整、评价等方式进行合理学习(陈艳君、刘德军，2016)。通过美剧的学习，可以看到学生学习兴趣的变化。前文提到项目组调研了解到的问题之一是学生随着年级的升高，对英语学习日渐失去兴趣。在进行美剧学习一段时间后，有学生反思："我看这个的时候感觉时间过得非常快，特别有趣，有心情进行英语学习，有时遇见一些有趣的台词，能反复看好几遍，甚至有时会笑到肚子疼。感觉有些句子非常深奥，应该背一背。"也有学生通过美剧学习提高了拓宽英语学习渠道和资源的意识，除了老师提供的美剧，开始主动寻找更多的英语电影等资源用于自己的学习。同时，学生养成了良好的课外自主学习习惯。这些表明学生的学习能力得到提升。

八、行动研究带来的教师专业发展

通过以上分析，可以看出本次行动研究促进了学生全面而有个性的发展，促进了学生英语核心素养的发展。综合分析，原因如下：

(一)教师教学内容和教学方式的转变

王蔷(2015)指出，教学改革要求现有的学习内容和学习方式需要改变，学习内容方面，通过改变脱离语境的知识学习，将知识学习与技能发展融入主题、语境、语篇和语用之中，促进文化理解和思维品质的形成，引导学生学会学习，指向核心素养培养，学习方式上应走向整合、关联、发展的课程，实现对语言的深度学习。

学习方式以学生的自主学习为主，老师要提出明确的学习要求作为引导。例如，有学生问道："老师，我们看了视频就行了，为什么还要做这么多作业?"学生的这个困惑体现了学习观方面存在的问题，他们不明白如何遵循语言学习规律进行英语学习。只有注重语言知识的积累，在此基础上进行语言精加工，才能实现语言能力提升。在学习美剧的行动研究过程中，首先学生的英语学习兴趣得到提升；学生在积累和拓展词汇量的同时，学会了很多地道的语言表达方式，听力技能也得到训练；在反思自己所看内容的同时，了解了一些西方历史、文化以及中外文化的差异；在提出两个问题的同时，思维能力和情感态度价值观也得到提升。这些体现了上文中王蔷教授提到的在学习内容上将知识学习、技能发展、主题和语境相融合，以及学习方式上的整合和关联，起到了引导学生学会学习和培养核心素养的作用。

(二)教师教学观和学生观的变化

培养学生英语学科核心素养的理念对英语教师也提出了挑战，一线教师需要做出一些积极的应对和改变。本次行动研究中，授课教师的教学观和学生观都有很大改变。授课教师以听说教学为突破口，创造性地开发、利用和整合英语教学和学习资源，不再受课时不够问题的困扰，而是根据学生实际学习需求，每周拿出一节专用课时用于美剧学习的交流、反思和同伴评价，增加了听说学习的趣味性、真实性、开放性和选择性，体现了教师教学观的变化。在学习过程中，教师以学生为主体，注重学生学习能力的培养，学生自己能做的事情教师大胆放手，语言知识讲解、学习评价等活动中教师都作为辅助者，以学生为主体进行实施，激活了学生的有效参与，以及通过模仿、实践等活动提高学生用英语进行交流的能力。

培养学生的英语学科核心素养的同时也要求教师提高自身素养。在这次行动研究中，授课教师与学生一起进行美剧学习，有的教师已将第一季的21集中所有台词都抄了下来，还经常兴奋地考其他教师是否知道剧中出现的某个意思的地道表达方式。这些都体现了一线教师在培养学生英语学科核心素养方面所做的积极尝试。

在本学期的行动研究中，学生共完成了第一季中前12集美剧的学习，项目组也已经制订了下一阶段新学期的行动研究计划：假期请学生看完第一季余下的第13—21集；逐渐实现所有学生用英语写感想和反思；新学期的评价方式以口语输出为主，例如进行剧情片段的模仿和表演；看完《女孩成长记》后，尝试让学生看题材更多样的英美视频进行英语学习，例如BBC纪录片等，除了指导学生课下通过自主观看经典视听资源学习外，还要探究视听资源与教材的恰当整合等，从而不断探索培养学生英语学科核心素养的有效途径。

附录一　初中听说教学课例

教材：人民教育出版社九年级(全一册)

课题：Unit 7 Teenagers should be allowed to choose their own clothes. Section B Listening & Speaking

设计者：首都师范大学附属育新学校　李斯莲

指导者：北京教育学院　李慧芳

研究主题：学生听记和听后转述能力培养

1. 教学设计

教材与文本分析
本单元内容是人教版教材九年级(全一册)"Go For It Unit 7 Teenagers should be allowed to choose their own clothes?"。单元主题是"规则"，单元教学目标是学生能够通过学习有关的社会规则、法规、参观博物馆的规定等，对一些规则发表看法，表示赞同或不赞同，并能够陈述理由。Section A 听力内容介绍了跟 Teenagers 有关的社会规则、法规、参观博物馆的规定以及同龄人对于一些现象的看法，并陈述理由。本课时是 Section B(1a—1d)听说教学部分，主题是学校规则，教材听力内容是 Peter 和爸爸的对话，谈论了 Peter 因上学迟到没能参加考试的事情。
学情分析
本节课是本单元第三个课时，授课对象为初三年级英语水平中等偏下的学生。通过前面两个课时(一个听说和一个阅读)的学习，学生已经初步掌握了表示规则和对规则看法的功能句"be (not) allowed to do""should/shouldn't be allowed to do"，但尚不能在口语交流中准确、流利使用。此外，为了更好地将主题与学生建立联系，帮助学生更全面地理解学校规则的必要性，教师在课前通过问卷对学生最关心和意见分歧最大的学校规则进行了调研。根据调研，绝大多数学生对于在学校必须穿校服这条校规很关注并有不同看法。因此，为了更好地促进学生对主题的理解，教师补充了一个关于校服利与弊的听力输入材料。 为了促使每个学生的大胆表达，课上加大小组合作与随机抽取学生发言的方式。鉴于即将迎来首次中考听说考试，教师将听后转述的考试评标发给学生，让学生随时自

续表

评，找到自己提升方向；同时互评，发现同伴做得好的地方，给同伴提出改进建议，同时实现又一次的自我提升。另外，本课从教材话题走进学生生活实际，体现“用中学，学中悟”的教学理念。
研究主题
学生听记和听后转述能力培养 本届学生12月23日将首次参加中考听说机考，9月28日北京市初三学生首次参加模拟考试。模拟考试结束，我通过问卷网和纸质调研对全体初三学生进行了一次调研，结果显示，93%的学生认为听后转述最难，其次是听后回答问题。究其原因：首先，不习惯张嘴，容易紧张，导致语无伦次；其次，短时间内组织语言，而且还要考虑语法的正确、表达的逻辑，再加上学生速记能力较弱，导致说时信息缺失等。学生的困惑也反映了我们平时教学的听说策略指导不够，课上学生说英语的机会不够，因此，在日常教学中，结合教学内容，加大听说学习策略指导，同时设计相关活动加大口语练习机会。本节课听说活动设计基于以下理念： 一、《义务教育英语课程标准(2011年版)》关于听说教学的五级要求 ★听的技能要求学生： 1. 能听懂有关熟悉话题的谈话，并能从中提取信息和观点； 2. 能针对所听语段的内容记录简单信息。 ★说的技能要求学生： 1. 能就简单的话题提供信息，表达简单的观点和意见，参与讨论； 2. 能根据话题进行情景对话。 二、2018中考听说考试之听后转述评分标准 1. 内容(权重60%) 5分：要点完整、内容充实； 3—4分：要点完整、内容基本充实； 1—2分：只复述了少量相关内容； 0分：复述内容与题目要求完全无关。 2. 语言运用(准确性、连贯性、流利度)权重(40%) 5分：有个别语法及语音语调错误；有一定的连贯性和流利度； 3—4分：有少量语法及语音、语调错误，不影响理解；有一定的连贯性和流利度； 1—2分：有多处语法及语音、语调错误，但基本不影响理解；连贯性差，表达不流畅； 0分：语言错误较多，表现出较严重的发音困难，表达支离破碎，无法理解。 三、i+1理论 学习是一个知识建构的过程，新旧知识间必须建立起有效的联系，新知识才能真正进入学生的知识体系。在听说教学中，必须给学生提供足够的帮助，使输入语言满足i+1的有效输入条件，学生才能从这样的输入中获益。完全听不懂的输入是没有任何收益的。所以情境创设在听说教学中非常重要。此外，当学生完成听说任务后，巩固环节也同样需要关注情境创设，只有在生活中真实发生的话题，才能引发学生的表达欲。

续表

教学目标
本课结束时，学生能够： 1. 通过听力活动，找出说话人有关学校考试和校服规则的观点； 2. 通过听力活动，记录两篇听力语料的信息并进行复述； 3. 运用“be (not) allowed to do”“should/shouldn't be allowed to do”口头表述某项学校规则，并表达对有关规则的观点和看法； 4. 理解制订规则的内涵，增强自觉遵守规则的意识。
教学重点
学生能够准确地使用目标语言表述规则以及对规则的看法。 突破途径：通过听力活动，回答感悟等相关问题，运用目标语言，同时辅以板书。
教学难点
听后转述，以及自由表达自己对规则的想法。 突破途径：预测、记录等策略指导，同伴交流。

教学过程

教学步骤	教师活动	学生活动	设计意图	时间
Step 1: Lead in	Organize a game	Enjoy the game—recall the sentence patterns: be (not) allowed to do/should (not) allowed to do.	游戏一方面激活第一课时已学知识，另一方面活跃气氛，在愉快中导入本课的话题	5′
Step 2: listening Listening 1c	Pre-listening Guide students to read the pic ture and predict before listening	Read, observe and predict	发展学生读图预测的能力	15′
	While-listening 1. Ask students to listen for the first time and take notes. 2. Guide students to share what they have heard. 3. Ask students to listen for the second time and take more notes.	1. Listen and take notes. 2. Share what they've heard. 3. Listen and add more information in the notes.	1. 第一遍听，让学生在创设的环境下，整体感知语言，同时发展学生速记的能力 2. 同伴分享、互相启迪 3. 细听，发展学生听中准确抓取信息的能力	

续表

教学步骤	教师活动	学生活动	设计意图	时间
Step 2: listening Listening 1c	Post-listening 4. Ask students to read the transcript. 5. Guide students to retell the conversation with the help of their notes. 6. Guide students to make a conversation in the real situation.	4. Read and choose key words for retelling. 5. Retell the conversation. 6. Role play a conversation.	4. 通过朗读内化语言，为口头输出做准备 5. 通过复述初步运用语言 6. 通过在真实语境中创编对话，运用语言	15′
Step 3: Supplementary material listening	Pre-listening 1. Lead to the topic of wearing school uniforms and ask students to think what can be talked about. 2. Guide students to read the form and ask students to predict the information for the blanks.	1. Predict, thinking and sharing ideas. 2. Read the form and make prediction.	1. 延展话题，激活学生已有生活体验以及已有语言知识 2. 发展学生预测信息的能力	15′
	While-listening 1. Guide students to take notes while listening. 2. Ask students to share the infromation they have heard. 3. Ask students to complete the blanks for the main ideas while listening. 4. Ask students to finish the blanks for the passage structure, like topic sentences and connective words while listening.	1. Listen and take notes. 2. Share the infromation they've get. 3. Listen and fill in the blanks. 4. Listen and fill in the blanks.	1. 发展学生速记能力 2. 通过分享，补充获得更多信息 3. 培养学生听并获取关键信息的能力 4. 培养学生听并关注文本结构信息能力	

续表

教学步骤	教师活动	学生活动	设计意图	时间
Step 3: Supplementary material listening	Post-listening 1. Explain the evaluation form, and ask students to retell in groups and then in class. 2. Ask students to read the tapescript and underline key information while reading.	1. Prepare to retell, listen to peer-retelling, self-evaluate and peer-evaluate. 2. Read and underline key information.	1. 组内复述，对照评价标准自评与互评，发展学生复述能力 2. 发展学生关注关键信息的能力	15′
Step 4: Discussion	1. Ask students to read the chant loudly. 2. Ask students to discuss the following questions: Why does a school have to have rules? Express your opinion about one school rule for students or teachers.	1. Chant loudly together. 2. Have a discussion in groups and present the opinions.	1. 通过歌谣进一步理解规则的必要性 2. 口头表达对某项规则的观点和看法，提升对规则的认知和遵守规则的意识	8′
Step 5: Homework	Write a short essay about one school rule you want to make for students or teachers if you were the headmaster. 1. Explain what the rule is. 2. List 2-4 reasons to explain why the rule is necessary. 3. Remember to use the structures "be (not) allowed to do" and "should (not) be allowed to do" to express your opinions about the rule.		整理复习课上所学并落到笔头，发展学生批判性思维和创新思维	2′
板书设计	Unit 7　Period 2 School Rules Listening & Speaking school rules: be (not) allowed to do opinions on school rules: should (not) be allowed to do			

2. 学案

Unit 7 Period 2 Listening& Speaking

Name ________

Listening Material 1

Prediction	
1st listening	
2nd listening	
读听力稿，摘出至少 6 个关键词组	

Listening Material 2

Prediction	
1st listening	

Homework

Write a short essay about one school rule you want to make for students or teachers if you were the headmaster.

(1)Explain what the rule is.

(2)List 2-4 reasons to explain why the rule is necessary.

(3)Remember to use the structures "be (not) allowed to do" and "should (not) be allowed to do" to express your opinions about the rule.

3. 听力材料原文

教材听力材料文本

Dad: What's the matter, Peter?

Peter: I think I'm going to fail a math test, Dad.

Dad: You are? Why?

Peter: Well, I missed the bus and I had to walk to school.

Dad: So?

Peter: I'm not allowed to get to class late, and there was a big test today.

Dad: And you weren't allowed to take the test?

Peter: That's right. But I know I could pass that test.

Dad: Well, Peter, the school has to have rules, you know.

Peter: I know. But they should let me take the test later. It's not fair if they don't even give me a chance!

Dad: Well, you might still be allowed. Maybe you could talk to the teacher after school.

Peter: Yeah. Maybe if I explain what happened, she'll understand.

补充听力材料文本

Believe it or not, there are good reasons for wearing a school uniform.

Firstly, students do not need to think about what they are going to wear to school every day. Secondly, uniforms cost less. In addition, when students wear a uniform, they feel that they belong to a group and are proud of their school.

However, not everyone likes the idea of wearing a school uniform. One reason why students dislike uniforms is that they are not considered fashionable. What's more, sometimes uniforms may not be comfortable. They may be too hot to wear in summer or not warm enough in winter.

Anyway, I think the quality of school uniforms should be improved. I wish to wear colorful and good looking uniforms.

附录二　高中听说教学课例

教材：北师大版高中英语必修 6

课题：Unit 16 Stories Lesson 2 Name Stories

设计者：首都师范大学附属育新学校　卿源渊

指导者：北京教育学院　李慧芳、王松美、袁昌寰

研究主题：英语听说整合式教学

1. 教学设计

指导思想与理论依据
《普通高中新课程标准(2017 年版)》(以下简称《新课标》)明确指出，发展学生核心素养为高中英语课程总目标，即：培养学生语言能力、文化意识、思维品质和学习能力。英语教学要基于六要素整合的英语课程内容展开，形成指向核心素养发展的英语学习活动观：学生在主题意义引领下，通过学习理解、应用实践、迁移创新等一系列体现综合性、关联性和实践性等特点的英语学习活动，使学生基于已有知识，依托不同类型的语篇，在分析问题和解决问题的过程中，促进自身语言知识学习、语言技能发展、文化内涵理解、多元思维发展、价值取向判断和学习策略的运用。 本课的设计主要基于《新课标》的以下理念：在文化知识方面，学生能够使用英语简述中华文化基本知识及其内涵，主动传播和弘扬中华优秀传统文化；在理解性技能方面，学生应能够在听的过程中有选择地记录所要学的信息；理解多模态语篇(视频)中的画面、图像、声音、符号等非文字资源传达的意义，及其在建构意义过程中的作用；在表达性技能方面，借助词语和句式形象地传递自己的情感和思想；能够利用图像、声音、图表等非文字方式创造性地表达意义；在学习策略培养方面，在语境中学习词汇；利用笔记、图表、思维导图等收集整理信息；有合作学习的意识，愿意与他人分享各种学习资源；在获得的信息与个人的经历之间建立有意义的联系。 此外，本课的设计还借鉴了文秋芳教授提出的“产出导向法”理论。主要体现在以下三个方面：第一，认真选择产出任务的话题；第二，精心选择为产出任务服务的输入材料；第三，巧妙设计教学活动的组织形式。

续表

教材分析
一、文本分析 本课内容，教材中包含三个听力语篇，分别是一个中国孩子和两个英国孩子的名字故事。中国孩子 Wang Jiannan 讲述了其名字 Jiannan 由汉字本意和发音谐音所带来的三种不同的含义，体现出了中国人在起名上关注“意美、音美”等特点，也体现出了父母在起名上对孩子的期望和深深的爱。 另外两个英国孩子 Heather Smith 和 Issac Evans 则分别讲述了其 family name 和 given name 的由来。由于本节课的教学输出目标为中国姓名的故事，所以这两个文本的相关性不高，在本课中进行了舍弃和替换。通过对 Wang Jiannan 和老师本人姓名故事的介绍，及补充的中国人起名习俗的介绍，让学生了解到每个人名字的意义、家长在给孩子起名时会考虑的因素；体会家长给孩子起名时，对孩子深深的爱与期望，同时使学生对于自己名字的故事产生了解和表达的愿望。 二、学情分析 本课为借班上课，授课对象是首都师范大学附属育新学校高二年级的学生。学生英语基础较为扎实，吸收和理解能力较强。在课前问卷中，学生表示对于自己的姓名的内涵意义及得名缘由有一定的了解，但是不太会表达，并提及希望更加了解自己的名字，学习讲述自己名字的故事，因此在教学设计中，减少了内容相似度较高的两个英国孩子的名字故事，增加了关于中国姓名起名缘由和姓氏起源的中国传统文化相关内容。 另外，由于是借班上课，师生之间较为陌生，彼此之间的授课和学习方式没有经过长时间磨合和适应，加之该班级学生性格比较安静，不太愿意积极表达，以上因素可能会对课堂效果有一定的影响。对于思维导图的运用，学生进行过初步的借助思维图在阅读过程中梳理信息，自主构建语篇结构图的训练。但还并未将其用于梳理听力材料中的信息、构建知识体系、辅助于口语表达，因此这一方面的运用需要教师引领展开。对于学生听力过程中词汇的理解、关键信息和功能句抓取的能力，也需要在课堂活动中逐步深入训练和巩固。 三、整体思路 基于以上分析，本节教学设计以询问学生姓名为起点，能够了解并用英语简述起名相关的中华文化基本知识及其内涵，主动传播和弘扬中华优秀传统文化；在理解性技能方面，学生应能够在听的过程中有选择地记录相关中英起名的主要信息，并记录学习用于讲述名字故事的功能句；通过视频观看、文段阅读，学生理解多模态语篇（视频）中的画面、图像、声音、符号等非文字资源传达的意义，充实关于中国人起名缘由的信息；利用笔记、图表、思维导图等收集整理信息；在表达性技能方面，利用本课所学的词语和句式，绘制思维导图，创造性地表达意义，在获得的信息与个人的经历之间建立有意义的联系，传递自己的情感和思想；在学习策略培养方面，在语境中学习词汇；在课堂学习活动中，有合作学习的意识，愿意与他人分享，相互促进，共同进步。

续表

<table>
<tr><th colspan="4">教学目标</th></tr>
<tr><td colspan="4">By the end of the class, students will be able to
◆figure out the information and functional expressions about name stories through listening, videos and reading;
◆talk about the naming customs of Chinese people;
◆tell their name stories and its profound meanings;
◆realize parents' love and expectations to their children while choosing names for them.</td></tr>
<tr><th colspan="4">教学重点</th></tr>
<tr><td colspan="4">◆Sort out the information and ways of telling name stories through listening, videos and reading;
◆Talk about their personal name stories.</td></tr>
<tr><th colspan="4">教学难点</th></tr>
<tr><td colspan="4">◆Listen about the naming customs of Chinese people;
◆Tell their own name stories with abundant details.</td></tr>
<tr><th colspan="4">教学过程</th></tr>
<tr><th>Steps</th><th>Activities</th><th>Purposes</th><th>Time</th></tr>
<tr><td>Step 1:
Warm-up</td><td>Guessing Games:
Guess the names of teachers in our grade.
Questions:
—What's your name?
—What does it mean?</td><td>To arouse the students' previous experiences and get them familiar with the topic.
To make Ss see the gap and hope to learn the target language.</td><td>3′</td></tr>
<tr><td>Step 2:
Objectives</td><td>In this lesson, you are going to:
◆ tell an unforgettable name story of your own;
◆ understand the love, expectations and cultural heritage behind your names.</td><td>To inform the students the output of this lesson and get motivated.</td><td>2′</td></tr>
</table>

续表

<table>
<tr><th>Steps</th><th>Activities</th><th>Purposes</th><th>Time</th></tr>
<tr><td rowspan="3">Step 3:
Input 1
&
Output 1</td><td>Questions:
What can be included in a name story?
T elicits Ss to think about the contents in a name story, drawing the mind map on the BB.
Questions:
—What's your name? (My name is…)
—What's the meaning of it? (…means…)
Listening: Wang Jiannan
Input 1:
1. Prediction:
What are some possible Chinese characters for Jiannan?
2. 1st listening:
Ss listen, and may take notes as many as possible, and then share their notes in pairs.
3. 2nd listening:
Ss take down notes about functional expressions for name stories in the mind map.</td><td>To get Ss to build the outline for the name story and visualize the outline and key structures.

1. To arouse interest and build Ss' schemata for the listening materials.
2. To help Ss concentrate, and acquire information about reasons for names.
3. To get Ss aware of the functional expressions for telling name stories.</td><td rowspan="3">15′</td></tr>
<tr><td>Intake 1:
1. Ss read the tapescript.
2. T asks elicit them to find out the functional expressions by answering questions, writing it on the blackboard.
(…hoped her to grow up to/be…; sounds like, …stands for…, …came from…, …aim for…)</td><td>To help Ss intake functional expressions by Q & A.</td></tr>
<tr><td>Output 1:
Ss retell the name story of Wang Jiannan with the mind map on the screen in pairs.</td><td>To consolidate what has been input in the form of retelling.</td></tr>
</table>

续表

<table>
<tr><th>Steps</th><th>Activities</th><th>Purposes</th><th>Time</th></tr>
<tr><td rowspan="3">Step 4:
Input 2
&
Output 2</td><td>Video: Chinese naming customs
Input 2:
1. 1st watching:
Ss watch a video and choose the mentioned reasons for Chinese given names.
2. T checks the answers, leads them to read, and then checks whether Ss understand the naming customs by asking concept-checking questions.
3. 2nd listening:
Ss listen and fill in the blanks about the useful expressions of telling name stories.</td><td>To input more on Chinese naming customs and broaden Ss' ideas for telling their name stories.</td><td rowspan="3">10′</td></tr>
<tr><td>Intake 2:
T asks Ss to think about the examples with the customs mentioned above.
Questions:
—Who was named after the time of birth? (... was born ...)
—Who got the name according to the theory of five elements? (... lack ..., according to ...)
—Who got a name from literature quotation? (... was named after ...)</td><td>To help Ss intake the functional expressions by Q & A.</td></tr>
<tr><td>Output 2:
Guessing: Reasons behind teachers' names
—What does it mean?
—What did their parents consider when choosing the name for them?</td><td>To consolidate functional expressions in this part by guessing games.</td></tr>
</table>

续表

Steps	Activities	Purposes	Time
Step 5: Input 3 & Output 3	Input 3: Teacher's name story T gives examples by telling her own name story, Ss take notes if necessary.	To set an example for Ss. To visualize the contents about name stores with the help of mind map.	13′
	Intake 3: 1. T asks questions about her name, and let Ss read about the origin of their surnames. Questions: —What did my parents hope me to be? —What did my surname originate from? (... originated from the name of title/land/...) 2. Tell stories more vividly. Questions: —In order to make your stories more unforgettable, what else should be included in your stories? —Is there anything funny about it? —What's my feeling about my name? (... be proud of..., ... contains...)	To help Ss intake the functional expressions by Q & A. To enrich the contents for name stories. To have a chance of thinking alone. To help Ss know the requirements for their output.	
	Output 3: Students' name stories 1. Ss prepare their name stories with the mind map for 2 minutes; 2. T presents the criteria for good name stories to students; 3. With their name cards, Ss share their name stories in pairs; 4. Presentation in class; 5. Evaluations: Whose story you like better? Why?	To practice and present what they've learnt by telling their own name stories.	

续表

Steps	Activities	Purposes	Time
Step 6: Sum-up	Exit-ticket: — Think about one thing you are most impressed by in the lesson.	To provide a chance for Ss to transfer and apply what they've learned in class.	5′
Step 7: Homework	Write a letter to your British friend — Jim, telling him your name stories.	To reinforce on the content of the class.	1′

Blackboard Design:

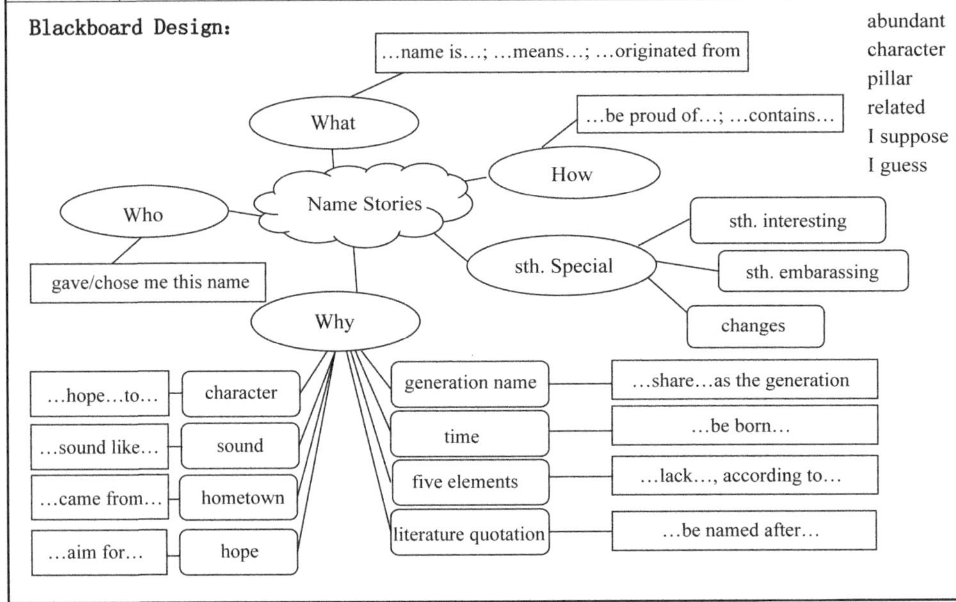

2. 学案

Ⅰ. Listening: Names story of Wang Jiannan.

Possible Chinese Characters of "Jiannan"

1st listening:

Your notes
Shared notes

2nd listening:

Listen and fill in the blanks.

Ⅰ. Character meaning	My parents chose this character for me because they wanted me to (1) ________ ______ ______ ________ "a pillar of society".
Ⅱ. ______________	Jiannan (2) ________ ________ "healthy boy" and another set of characters that (3) ________ ________ built in the south.
Ⅲ. ______________	We (4) __________ __________ south, and my name tells me (5) ______ I am from.
Ⅳ. ______________	My name tells me what to (6) ____________ _________.

Ⅱ. Video: Chinese naming customs.

1st watching and listening:

Listen and fill in the blanks (Ⅴ—Ⅷ).

Ⅴ. ______________	Brothers and sisters may (7) ____________ a same generation name or (8) _____________ characters.
Ⅵ. ______________	He might (9) _________ _________ in the morning.
Ⅶ. ______________	He can (10) ________ ________ ________ ________ Yuze, because he (11) _________ the element-water according to this theory.
Ⅷ. ______________	She may (12) _______ ______ _______ _______ a sentence in *The Book of Songs*.

2nd listening:

Listen and fill in the blanks (7—12).

Ⅴ. ______________	Brothers and sisters may (7) ____________ a same generation name or (8) _____________ characters.
Ⅵ. ______________	He might (9) _________ _________ in the morning.
Ⅶ. ______________	He can (10) ________ ________ ________ ________ Yuze, because he (11) _________ the element-water according to this theory.
Ⅷ. ______________	She may (12) _______ ______ _______ _______ a sentence in *The Book of Songs*.

Ⅲ. Draw a mind map and tell your name story.

3. 听力材料原文

教材听力材料文本

Wang Jiannan: My name is Wang Jiannan and like many Chinese names, Jiannan doesn't have just one specific meaning. When my parents were looking for a name for me, they came across the character "Nan". "Nan" is a type of wood that is used to hold up the roof in the construction of traditional Chinese houses. Therefore, my parents chose this character for me because they wanted me to grow up to be a "pillar of society"—someone who helps to build a better future. But, as well as having meaning from the characters that are used for writing, Chinese names can also have significance according to their sounds. In my case, Jiannan sounds like "healthy boy". Some people think it's abnormal to name a girl "healthy boy", but I don't. My parents gave me this name because they wanted me to be as strong as any boy. I guess you think that's enough significance for one name but there's more. "Jiannan" sounds like another set of characters that stand for "built in the south" and we come from the southern part of our province. So my name tells me where I am from and it tells me what to aim for!

补充视听材料文本

Chinese people believe a good name is related to a person's fortune, health or even the success of one's life. Therefore, parents not only try to choose characters with wonderful meanings and good sound for their children's names, but also have more considerations.

Firstly, brothers and sisters may share one character in their given names as the generation name, or have characters with related meanings. For example, Jia Yuanchun (贾元春) have the same character Chun with her sister Jia Yingchun(贾迎春), and a brother named Li Yang(李阳) may have a sister named Li Yue(李月).

Secondly, given names can also show the time of the children's birth or reflect historical events. Wang Chen(晨), might be born in the morning, or Li Jianguo (李建国) was born in the 1950th.

Thirdly, to improve their children's fortune, some parents may name their children based on the five elements (metal, wood, water, fire and earth) in relation to their birth time. A boy can get an name as Li Yuze(李雨泽) because he lacks the element—water in his life.

Last but not least, Chinese people like to name their children using quotations from literature works. The Chinese female Nobel Prize winner Tu Youyou got her name from a sentence in *The Book of Songs*.

附录三　高中阅读教学课例

教材：北师大版高中英语必修模块一

课题：Unit 3 Celebration Lesson 4 Christmas

设计者：首都师范大学附属育新学校　钟志英

指导者：北京教育学院　李慧芳、王媛

研究主题：走进文本，感悟文化

1. 教学设计

教材分析
本课为北师大版普通高中课程标准实验教科书必修模块一 Unit 3 Lesson 4。Unit 3 主题为庆祝活动(celebration)。在 Lesson 1 festivals 阅读课中，学生已经学习了一些关于中国传统节日相关知识及庆祝活动；Lesson 2 parties 为听说课，学生学习了几种 party 的庆祝和相关礼仪；Lesson 3 weddings 阅读课中，学生学习了两个不同国家的婚礼习俗；Lesson 4 Christmas(本课时)是一节阅读课，文章题目为 Memories of Christmas，文章内容为一位英国男孩回忆自己记忆中的圣诞节。 在语言能力方面，需要帮助学生储备有关圣诞节各种活动的准确表达；在学习能力方面，学生要在老师的引导下，体会按照时间顺序清晰地表述自己对于某个节日的记忆；在文化品格方面，学生要在阅读中去发现和体会文化的共性与差异；在思维品质方面，学生要在老师的引导下，走入文本，深读文章，去体会在不同文化中人们庆祝节日时所流露出的真实情感，去感悟尽管文化形式上有差异，但文化的本质有很多共通之处，我们每个人都在传承着文化与传统。
学情分析
本次授课的对象为高一学生，学生们整体基础较扎实，大部分学生对英语学习有热情。经过开学近两个月的学习，大部分学生开口用英语表达的意愿强烈，但是存在说话前缺少构思意识的现象，经常想到哪里说到哪里，欠缺表达的逻辑意识。此外，学生更多地是说些 fact，很少说到 opinion 和 feeling。所以本节课旨在针对学生存在的问题，有意识地从文中提炼语言，关注结构，引导学生深读文本，体会感情与文化，做好铺垫，希望学生能在输出环节自信、有逻辑地表达自己的观点。

续表

研究主题
走进文本感悟文化 一、最终产出活动的确定 本课的研究主题是引导学生走进文本，感悟文化。学生阅读文章时，更多停留在字面内容，他们最常说的话是“大概读懂了”，通常对于深读文本兴趣不大，主要是没有读出深意，不能体会到细腻情感的流露。 要想引导学生走进文本感悟文化，在教学设计上，需要精心斟酌，确定本课最终的输出活动是什么。教师经过试讲与访谈，发现学生对于英国的圣诞节文化理解很浅层，而且忽视了对于人们过节时的情感体会。最终设计的输出活动是学生分享自己对于某个节日的记忆，既要描述记忆深刻的某个节日的庆祝活动，又要叙述这个节日带给他的情感体验。本单元前几课的学习内容，以及本课的语篇，会为学生的输出储备一些词汇、短语等语料。其次，在输入环节，教师有意识地引导学生关注文章语篇结构，强化表达要有逻辑意识。希望学生在输出时能感悟到节日所蕴含的文化，自信表达自己。 二、教材整合 为了实现最终的输出活动，结合学生学情，教师对本课教材中的内容进行了如下调整和整合： 1. 教材中的 exercise 1，在图中找关键词，学习圣诞节相关词汇。因为学生初中学过一篇有关圣诞节的文章，此处所列的词汇并不是学生真正的生词。所以把这个练习调整成了 brainstorming，这样既回顾了学生已有知识，也利于激活学生的思维。 2. 教材中的 exercise 2，在文章中找出这些关键词，同时找出文章还提到了什么有关圣诞节的东西。教师先让学生阅读课文，直接画出自己没有预料到的内容。这样学生就可以直接发现真正的英国的圣诞节和自己想象中的圣诞节的差异是什么，学生对于文化的差异一下子就抓住了。 3. 教材中的 exercise 3，是对一些圣诞活动进行排序。教师第一次试讲用了这个活动，发现有一些问题。一是文中两次提到唱圣诞颂歌，会有歧义；二是这里所选的活动并不全面，其他活动学生也应该掌握，所以最终舍弃了这个活动，改成了一边读课文，一边构建思维导图。这样更利于学生对于文章结构以及圣诞活动的掌握。 4. 教材中的 exercise 4，通过几个 multiple-choice 练习，训练学生的阅读策略。这个策略主要是培养学生阅读理解时一定要有回文意识。教师将其调整为问答分析，目的是引导学生不断回文，找出线索，同时分析和体会作者字面后的情感。 5. 通过试讲，发现学生输出时更多地是在介绍在某个节日我们可以做什么，而不是我做了什么，更缺乏情感的表露。所以教师调整了输出任务。 6. 教师给出输出范例，更利于学生模仿和思考，完成最终的输出活动。 三、整体思路 在这节课中，整体流程为：新课导入—词汇激活—发现差异—提升兴趣—关注结构—总结活动—形成导图—复述内化—深层理解—感悟文化—引起共鸣—情感输出。通过两遍阅读，两个层面的分析，帮助学生形成思维导图，内化语言、结构和情感，扎扎实实做好输入，促进学生的输出。

续表

教学目标			
By the end of the class, students will be able to: 1. list British traditional Christmas customs and activities; 2. figure out suitable adjectives to describe the writer's feelings and find out the clues in the text; 3. retell the text according to the mind map; 4. draw their own mind map and share their memories about some festival.			
教学重点			
1. Retell the text according to the mind map; 2. Share their memories about some festival.			
教学难点			
Student may come across difficulty in: 1. figuring out suitable *adj.* to describe the writer's feelings and find out the clues in the text; 2. drawing their own mind map and sharing their memories about some festival.			
教学过程			
Steps	Activities	Purposes	Time
Step 1	Lead-in: 1. T plays the song "That's Christmas to Me" and asks Ss when people sing the song. 2. Brainstorm: T asks Ss what they know about Christmas. 3. T asks Ss how they understand "memories of…".	To arouse Ss' interest in the topic; To help Ss recall what they have learned; To lead Ss to focus on the theme.	3′
Step 2	General reading: T asks Ss to read the whole text and finish the three tasks. 1. Underline the things they have never expected. 2. Mark their new words or phrases and try to guess the meaning from the context. Eg: seriously (L4) with December (L6) after church (L24) … 3. The article is written in ______ order.	To practice Ss' reading ability: To help Ss find out what they didn't know about British Christmas and help Ss be aware of the cultural differences; To lead Ss to guess the meaning of the new words or phrases from the context; To lead Ss focus on the structure of the article.	8′

续表

Steps	Activities	Porposes	Time
Step 3	Detailed reading: Read and figure out some information in detail and the writer's feelings. 1) Read paragraph 1-2 and think about some questions. 1. When did the writer's Christmas begin? What did he do? What feeling can you sense from him? 2. What happened with December? How did he feel? 3. What's the main idea of this part? 2)Read paragraph 3-5 and finish some tasks. 1. Underline the activities in each paragraph and sense the feelings of the writer in this period. 2. Sum up the main idea of this part.	To practice Ss' reading ability and help students sense the feelings of the writer. To lead Ss to practise reading strategy: • Read the question and guess the answer; • Find the place in the text where you think the answer is; • Check and make sure your answer. To sum up the main idea; To figure out the activities and sense the writer's feeling; To sum up the main idea.	5′+ 8′
Step 4	Post-reading: 1. Retelling Retell the Christmas memories of the boy. 2. Discussion The writer describes a (an) ________ memory of Christmas. 3. Sum-up Festivals not only bring people joy and fun, but also convey some feelings and cultural meanings.	To help Ss remember the activities and structure learnt and to be used later; To lead Ss to sense the writer's feeling and the culture of Christmas from the whole article; To help Ss understand festivals not only bring people joy and fun, but also convey some feelings and cultural meanings.	8′
Step 5	Output activity: 1) Sharing "Memories of ________ Festival" 1. T gives an example. 2. Ask Ss to draw their mind map about "Memories of … Festival" to prepare. 3. Share "Memories of … Festival" in pairs and then in class. 2)Sum-up People are passing down the culture and tradition when celebrating each festival.	To give Ss an example; To train Ss' ability of thinking with the help of drawing the mind map; To apply the language about festival activities and the structure of the article; To understand the deeper meaning of celebrating festivals.	12′

续表

Steps	Activities	Purposes	Time
Step 6	Homework: Memories of the ________ Festival Follow the example of Lesson 4, and introduce your major activities and feelings in time order.	To consolidate what they have learned in this unit.	1′

Blackboard Design:

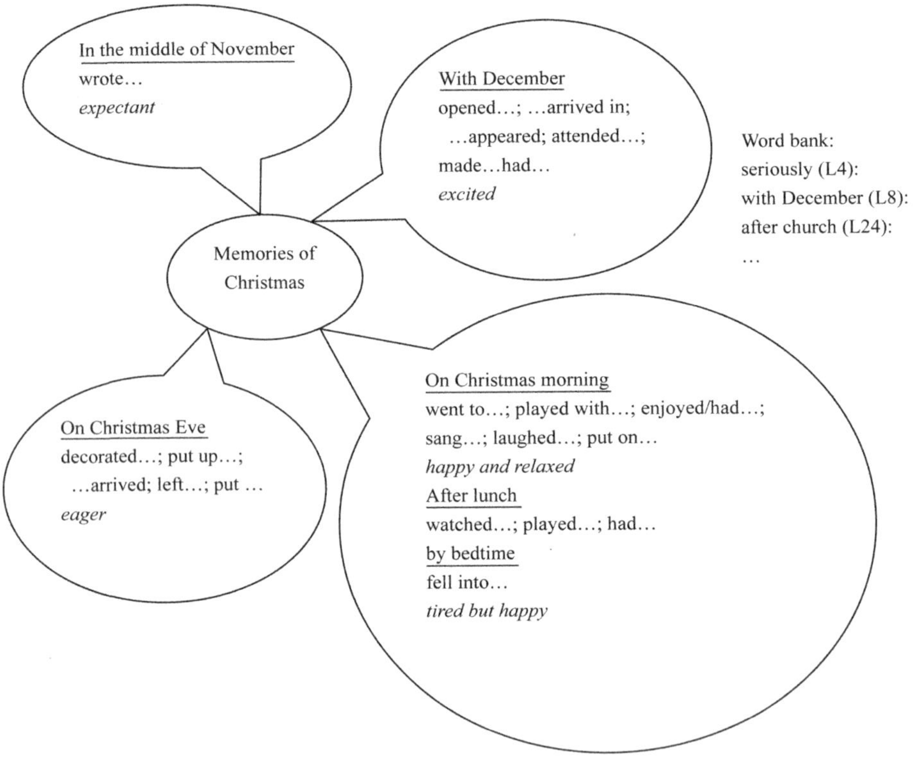

Memories of Christmas

In the middle of November
wrote…
expectant

With December
opened…; …arrived in;
…appeared; attended…;
made…had…
excited

On Christmas Eve
decorated…; put up…;
…arrived; left…; put …
eager

On Christmas morning
went to…; played with…; enjoyed/had…;
sang…; laughed…; put on…
happy and relaxed
After lunch
watched…; played…; had…
by bedtime
fell into…
tired but happy

Word bank:
seriously (L4):
with December (L8):
after church (L24):
…

2. 学案

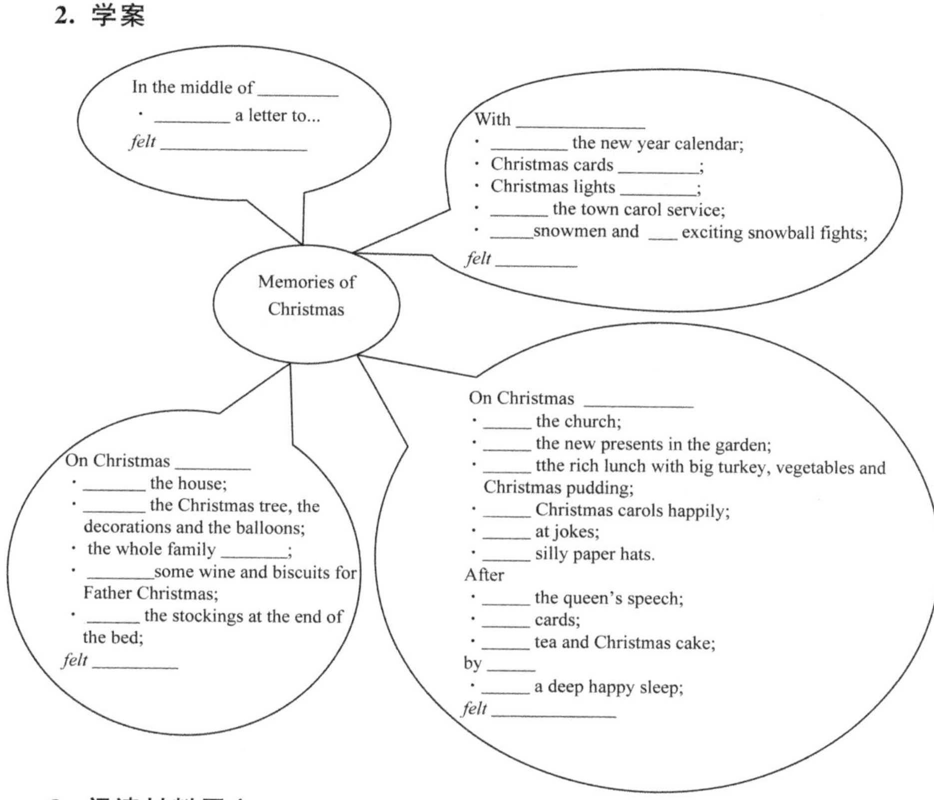

3. 阅读材料原文

教材阅读材料文本

Memories of Christmas

For me, Christmas always began in the middle of the cold, windy month of November. My sister, Alison, and I sat down in front of the fire and wrote a letter to Father Christmas telling him about all the presents we wanted. We seriously wrote "Father Christmas, the North Pole" on the envelope, before giving them to our mother to post.

With December our excitement grew each day — as we opened the New Year calendar, Christmas cards arrived in the post, Christmas lights appeared in the streets, and we attended the town carol service. And of course, there was snow everywhere. Enough snow to make snowmen, and to have exciting snowball fights in the school playground.

On Christmas Eve, the whole family helped to decorate the house, put up the Christmas tree, the decorations and the balloons. Then, in the afternoon, when Auntie Kathleen and my two cousins arrived, everything was ready. Before we went to bed, we left some wine and biscuits for Father Christmas and then put our stockings at the end of our beds. We tried to stay awake as long as possible to see Father Christmas but the next thing we knew it was morning. Christmas morning!

At the bottom of the bed was the stocking, now full of all kinds of small presents and sweets. Christmas morning was bright and sunny and, after church, my cousin David and I went out into the garden to play with our new presents. Lunch was always late, but what a lunch! A big turkey with all the vegetables followed by Christmas pudding. I like turkey breast the best. I put so much food in my mouth sometimes that it was hard to swallow. We sang Christmas carols happily, laughed at jokes, put on silly paper hats and laughed again.

After lunch, the adults slept on the sofas in front of the Queen's speech on television while we all played cards. Then we had tea, with a huge Christmas cake covered with snowmen. It didn't seem possible, but we carried on eating. By bedtime all of the children were very tired. As soon as we turned off the light, we all fell into a deep, happy sleep.

参考文献

一、英文文献

[1]Anderson A., Lynch T. Listening[M]. Oxford: Oxford University Press, 1988.

[2]Anderson J. R. Cognitive Psychology and Its Implications (4th ed.)[M]. New York: W. H. Freeman and Company, 1995.

[3]Elder L., Paul R.. Analytic Thinking[M]. Beijing: Foreign Language Teaching and Research Press, 2016.

[4]Glaire Ellen Weinslein, Laura M. Hume. 终身受用的学习策略：帮助学生找到有效的学习方法[M]. 伍新春，秦宪刚，译. 北京：中国轻工业出版社，2003.

[5]Grimmet P. P., Erickson G. L. (eds.). Reflection in Teacher Education[M]. Teacher College Press: Columbia University, 1988.

[6]Grossman P. L.. The Making of A Teacher: Teacher Knowledge and Teacher Education[M]. New York: Teachers College Press, 1990.

[7]Guskey T. R.. 教师专业发展评价[M]. 方乐，张英，等译. 北京：中国轻工业出版社，2005.

[8]Hashweh M. Z.. Teaching Pedagogical Constructions: A Reconfiguration of Pedagogical Content Knowledge[J]. *Teachers and Teaching: theory and practice*, 2005, 11(3).

[9]Hatton N., Smith D.. Reflection In Teacher Education: Towards Definition and Implementation[J]. *Teaching & Teacher Education*, 1995, 13(1).

[10]Moore T.. Critical Thinking: Seven Definitions in Search of a Concept[J]. *Studies in Higher Education*, 2011, 38 (4): 506-522.

[11]Pavlovich K.. The Development of Reflective Practice Through

Student Journals. *Higher Education Research & Development*, 2007, 26(3): 281-295.

[12] Shulman L. S.. Those Who Understand: Knowledge Growth in Teaching[J]. *Educational Researcher*, 1986, 15(2): 4-14.

[13]Sparks-Langer G. M., et al. Reflective Pedagogical Thinking: How Can We Promote it and Measure it? [J]. *Journal of Teacher Education*, 1989(4): 23-32.

[14]Swain M.. Communicative competence: Some Roles of Comprehensible Input and Comprehensible Output in its Development[C]//In Gass S. & Madden C. (eds.). Input in Second Language Acquisition. Rowley, MA: Newbury House, 1985.

[15]Wilson J. J.. 如何教听力[M]. 邹为诚，译. 北京：外语教学与研究出版社，2011.

[16] Wray A.. Formulaic Language and the Lexicon[M]. Cambridge: Cambridge University Press, 2002.

二、中文文献

[1]北京师范大学出版社. 义务教育课程标准实验教科书·英语(供一年级起始用)三年级下[T]. 北京：北京师范大学出版社，2006.

[2]北京师范大学出版社. 义务教育课程标准实验教科书·英语(供一年级起始用)四年级下 [T]. 北京：北京师范大学出版社，2007.

[3]北京出版集团公司，北京出版社. 北京市义务教育课程改革实验教材·英语五年级下[T]. 北京：北京出版集团公司　北京出版社，2008.

[4]北京师范大学出版社. 普通高中课程标准实验教科书·英语必修模块1[T]. 北京：北京师范大学出版社，2009.

[5]北京师范大学出版社. 义务教育教科书·英语八年级上册[T]. 北京：北京师范大学出版社，2014.

[6]陈吉棠. 四论记忆与听力理解——大学外语听力教学中笔头记录的意识、方法和技巧透视[J]. 外语电化教学，2009(7): 48-52.

[7]陈向明. 实践性知识：教师专业发展的知识基础[J]. 北京大学教育评论，2003(1): 104-112.

[8]陈向明. 参与式行动研究与教师专业发展[J]. 教师教育，2006(5): 55-57.

[9]陈向明，张玉荣．教师专业发展和学习为何要走向“校本”[J]．清华大学教育研究，2014(2)：36-43.

[10]陈新忠．高中英语教学中学生思维能力的培养[J]．北京教育(普教版)，2015(9)：41.

[11]陈新忠．高中英语教学中语篇的主题与主题意义[J]．英语学习(教师版)，2018(11)：8-10.

[12]陈艳君，刘德军．基于英语学科核心素养的本土英语教学理论建构研究[J]．课程·教材·教法，2016(3)：50-57.

[13]陈佑清．反思学习：涵义、功能与过程[J]．教育学术月刊，2010(5)：5-9.

[14]陈则航，王蔷，钱小芳．论英语学科核心素养中的思维品质及其发展途径[J]．课程·教材·教法，2019(1)：91-98.

[15]程晓堂．英语教师课堂话语分析[M]．上海：上海外语教育出版社，2009.

[16]程晓堂．英语学习对发展学生思维能力的作用[J]．课程·教材·教法，2015(6)：73-79.

[17]程晓堂．基于主题意义探究的英语教学理念与实践[J]．中小学外语教学(中学篇)，2018(10)：1-7.

[18]程晓堂，赵思奇．英语学科核心素养的实质内涵[J]．课程·教材·教法，2016(5)：79-86.

[19]戴炜栋，杨仙菊．第二语言语用习得的课堂教学模式[J]．外语界，2005(1)：2-8.

[20]方菲菲，卢正芝．教师专业发展研究的新焦点：学科教学知识及启示[J]．当代教育科学，2008(5)：31-34.

[21]郭健．学科教学知识研究的演进及对教师教育的启示[J]．内蒙古电大学刊，2010(5)：81-82.

[22]胡庆芳．课例研究的作用、特征和必要条件：来自日本和美国的启示[J]．外国教育研究，2006(4)：29-33.

[23]胡庆芳．在课例研究中改进教育——以一节初中历史课为例[J]．人民教育，2012(9)：46-49.

[24]黄滢，陈建平．大学生英语课外写作策略研究[J]．Foreign Language World，2006(2)：35-40.

[25]季苹．学生研究是促进教师专业发展的基本方式之一[J]．中小学管

理，2010(6)：27-29.

[26]姜英杰，周国韬，李广．ESL学生英文写作元认知研究综述[J]．心理科学，2003(2)：323-329.

[27]教育部．义务教育英语课程标准(2011年版)[M]．北京：北京师范大学出版社，2012.

[28]教育部．普通高中英语课程标准(2017年版)[M]．北京：人民教育出版社，2018.

[29]教育部师范教育司．更新培训观念　变革培训模式：中小学教师继续教育学习提要[M]．长春：东北师范大学出版社，2001.

[30]靳玉乐．反思教学[M]．成都：四川教育出版社，2007.

[31]库玛．超越教学法语言：教学的宏观策略[M]．陶健敏，译．北京：北京大学出版社，2013.

[32]雷树福．教研活动概论[M]．北京：北京大学出版社，2009.

[33]李宝荣，李慧芳．在中学英语教学中合理使用教材的建议[J]．中小学外语教学(中学篇)，2011(3)：8-13.

[34]李长吉，张稚君．教师的教学反思[J]．课程·教材·教法，2006(2)：85-89.

[35]李传益．复述式语言输入对英语听说能力有效性实证研究[J]．当代外语研究，2014(7)：44-49.

[36]李臣之．综合实践活动课程教学论[M]．广州：广东高等教育出版社，2007.

[37]李华．对高中英语教师反思日记的分析与思考[J]．广东教育学院学报，2008(4)：81-84.

[38]李树培．综合实践活动课程核心素养与评价探析[J]．全球教育展望，2016(7)：14-23.

[39]李爽，陈丽．"以学生为中心"的教学原理与实践指南[M]．北京：中央广播电视大学出版社，2011.

[40]李文玉．过程教学法在高中英语写作课堂上的应用研究[D]．东北师范大学，2010.

[41]李银芳．浅谈新课程理念下高中英语作业改革[J]．课程·教材·教法，2007(10)：47-50.

[42]梁晓晖．英语写作思维的认知型多模态培养模式[J]．外语电化教学，2015(1)：43-49.

[43]梅德明，王蔷．高中英语新课标解析[M]．北京：外语教学与研究出版社，2018.

[44]孟学英．校本教师专业发展的管理策略[J]．当代教育科学，2004(4)：39-40，48.

[45]廖冬发，周鸿，陈素苹．关于中小学教师学科教学知识来源的调查与分析[J]．教育探索，2009(12)：90-92.

[46]林崇德．思维心理学研究的几点回顾[J]．北京师范大学学报(社会科学版)，2006(5)：35-42.

[47]林崇德．基础教育改革心理学研究30年[J]．教育研究，2009(4)：61-66，111.

[48]刘道义．谈英语学科素养——思维品质[J]．课程·教材·教法，2018(8)：80-85.

[49]刘芳．授之以渔——英语写作元认知实证研究成果对教学的启示[J]．外国语文，2013(6)：192-194.

[50]刘海瑛．中级学习者英语听力理解过程中速记策略运用的实证研究[J]．重庆文理学院学报(社会科学版)，2006(5)：70-72，75.

[51]刘加霞，申继亮．国外教学反思内涵研究述评[J]．比较教育研究，2003(10)：30-34.

[52]刘龙根，苗瑞琴．外语听力理论与实践[M]．北京：外语教学与研究出版社，2011.

[53]刘清华．学科教学知识的发展之源[J]．天中学刊，2005(2)：131-133.

[54]刘旭东，孟春国．英语教师教学反思内容与反思水平的发展研究[J]．中小学外语教学(中学篇)，2010(12)：1-6.

[55]卢敏．选择性注意、笔录与听力理解——一项听力策略培训实验[J]．山东外语教学，2006(5)：22-25.

[56]鲁子问．英语教育促进思维品质发展的内涵与可能[J]．英语教师，2016(5)：6-12.

[57]陆思逸，麦克·辛．中国留学生批判性思维的中西割裂[J]．现代大学教育，2017(3)：41-48.

[58]吕筠，董晓秋．职前外语教师学科教学知识研究[J]．外语教学理论与实践，2010(4)：64-70.

[59]钱宇．初中英语作业设计的研究与实践[D]．华东师范大学，2006.

[60]人民教育出版社．义务教育课程标准实验教科书·新起点英语(供一年级起始用)三年级上册[T]. 北京：人民教育出版社，2003.

[61]人民教育出版社．义务教育课程标准实验教科书·英语七年级上册(新目标)[T]. 北京：人民教育出版社，2005.

[62]人民教育出版社．义务教务教科书·八年级下[T]. 北京：人民教育出版社，2014.

[63]人民教育出版社．义务教务教科书·九年级全一册[T]. 北京：人民教育出版社，2014.

[64]桑志军．反思性学习实践者的内涵、特征及培养[J]. 教育理论与实践，2012(23)：48-50.

[65]孙自挥．中学英语教师的学科教学知识调查研究[J]. 中小学外语教学(中学篇)，2008(9)：22-25.

[66]唐婷．Free Holiday(1)[N]. 中国少年英语报(中高年级版)，2008-5-6(2).

[67]唐元明．主题不等于话题——对“永恒主题”的质疑[J]. 四川职业技术学院学报，2014(6)：52-53.

[68]唐泽静，陈旭远．学科教学知识视域中的教师专业发展[J]. 东北师大学报(哲学社会科学版)，2010(5)：172-177.

[69]陶春霞．初中英语作业设计实例分析[J]. 教学与管理，2010(9)：64-66.

[70]王笃勤．初中英语教学策略[M]. 北京：北京师范大学出版社，2010.

[71]王磊．学科能力构成及其表现研究——基于学习理解、应用实践与迁移创新导向的多维整合模型[J]. 教育研究，2016(9)：83-92，125.

[72]王立非，祝卫华．中国学生英语口语中话语标记语的使用研究[J]. 外语研究，2005(3)：40-48.

[73]王蔷．从综合语言运用能力到英语学科核心素养——高中英语课程改革的新挑战[J]. 英语教师，2015(16)：6-7.

[74]王蔷．《普通高中英语课程标准(2017 年版)》六大变化之解析[J]. 中国外语教育，2018(5)：11-19.

[75]王蔷，钱小芳，桂洲，张力青．以戏剧教学促进小学生英语学科能力的发展[J]. 课程·教材·教法，2016(2)：93-99.

[76]王艳．英语听力教学与研究[M]. 北京：外语教学与研究出版

社，2012.

[77]卫乃兴．中国学习者英语口语语料初始研究[J]．现代外语，2004(2)：140-149，216-217.

[78]文秋芳．在英语通用语背景下重新认识语言与文化的关系[J]．外语教学理论与实践，2016(2)：1-7，13.

[79]吴永军．校本教学研究设计——教师教学研究设计指南[M]．南京：南京师范大学出版社，2007.

[80]肖建民．课例研究是开展校本培训 促进教师专业发展的重要策略[J]．中小学教师培训，2004(5)：3-5.

[81]徐浩．话题中的主题，主题中的话题[J]．英语学习(教师版)，2018(11)：4.

[82]徐浩．挖掘听力文本语篇特征对教学设计的意义——以北师大版《英语》八年级下第11课“Online Time”为例[J]．英语学习(教师版)，2017(10)：8-10.

[83]杨鲁新．从研究者成为教师教育者：自我叙事研究[J]．外语与外语教学，2018(4)：54-64.

[84]杨妙．英语教师教后反思中的问题与对策[J]．中小学外语教学(中学篇)，2012(12)：5-9.

[85]姚宝梁．预制语块与中学英语口语教学[J]．课程·教材·教法，2004(4)：33-38.

[86]姚军祥．引领学生反思的策略[J]．现代中小学教育，2013(3)：93.

[87]叶澜，白益民，王枬，陶志琼．教师角色与教师发展新探[M]．北京：教育科学出版社，2001.

[88]尤立增．抓“主题”才能纲举目张[J]．中学语文教学，2016(2)：22-28.

[89]余文森．论以校为本的教学研究[J]．教育研究，2003(4)：53-58.

[90]张久国，徐敏，吕清华．新教材复习课的设计及实施措施[J]．山东外语教学，1994(3-4)：164-167.

[91]张萍．教学变革中教师学科教学知识转化研究——以小学英语教师为例[D]．上海华东师范大学，2010.

[92]张廷凯．课程资源：观念重建与校本开发[J]．教育科学研究，2003(5)：37-39.

[93]赵国庆，杨宣洋，熊雅雯．论思维可视化工具教学应用的原则和着

力点[J]. 电化教育研究，2019(9)：59-66.

[94]赵明仁. 教学反思与教师专业发展[M]. 北京：北京师范大学出版社，2009.

[95]朱欣."以学生为中心"教育理念的历史审视与价值定向[J]. 现代教育管理，2012(4)：6-9.